51 · 2019

51 · 2019

FUNDE UND AUSGRABUNGEN
IM BEZIRK TRIER

Aus der Arbeit
des Rheinischen Landesmuseums Trier

RHEINISCHES
LANDESMUSEUM
TRIER

Gedruckt mit freundlicher Unterstützung der
Gesellschaft für Nützliche Forschungen zu Trier

Open Access
Die „Funde und Ausgrabungen im Bezirk Trier"
erscheinen jährlich seit 1969.
Mit Unterstützung von PROPYLAEUM, dem
Fachinformationsdienst Altertumswissenschaften
der Universitätsbibliothek Heidelberg und der
Bayerischen Staatsbibliothek München, steht
das Archiv der bisherigen Jahrgänge im Rahmen
von Angeboten zum E-Publishing online zur
Verfügung.
https://www.propylaeum.de
https://journals.ub.uni-heidelberg.de/index.php/
fuabt/index

Propylaeum
FACHINFORMATIONSDIENST
ALTERTUMSWISSENSCHAFTEN

Herausgeber
Generaldirektion Kulturelles Erbe Rheinland-Pfalz
Direktion **Rheinisches Landesmuseum Trier**
in Verbindung mit der
Direktion **Landesarchäologie, Außenstelle Trier**
Weimarer Allee 1 · D-54290 Trier
Telefon 0651/9774-0 · Fax -222
landesmuseum-trier@gdke.rlp.de
www.landesmuseum-trier.de
www.gdke.rlp.de

Redaktion
Jürgen Merten (Schriftleitung)
Kristina Schulz (Lektorat und Textbearbeitung)
Franz-Josef Dewald (Satz und Layout)

Druckoptimierung der Abbildungen
Franz-Josef Dewald und Rudolf Günther, Trier

Verlag
Dr. Ludwig Reichert Verlag Wiesbaden
www.reichert-verlag.de

ISBN 978-3-95490-502-7
ISSN 0723-8630

Printed in Germany
Gedruckt auf säurefreiem Papier
(alterungsbeständig – pH 7, neutral)

**Bibliografische Information
der Deutschen Nationalbibliothek**
Die Deutsche Nationalbibliothek verzeichnet
diese Publikation in der Deutschen Nationalbiblio-
grafie; detaillierte bibliografische Daten sind im
Internet über http://dnb.dnb.de abrufbar.

Inhalt

Das römische Doppelfüllhorn aus Morscheid, Kreis Trier-Saarburg, und weitere Füllhörner aus Trier und Umgebung

1
Morscheid.
Doppelfüllhorn.
Bronze. H. 15,4 cm. M. 1:1.
RLM Trier, Inv. 2009,2.

In der Dauerausstellung des Rheinischen Landesmuseums Trier wird ein interessantes Fundstück präsentiert, das von einem ehrenamtlichen Sammler mit Suchgenehmigung im Bereich einer römischen Villa entdeckt wurde. Es handelt sich dabei um ein gut erhaltenes S-förmig geschwungenes Doppelfüllhorn [**Abb. 1**].

Nur die untere Spitze des Füllhorns und eine Zacke oben links fehlen. Es ist unten, vom Beschauer aus gesehen, etwas nach rechts gebogen. Die gerade Partie darüber beginnt mit zwei Kerbbändern. Über diesen sitzt ein stilisierter Blattkelch. Beide Elemente laufen nicht auf der Rückseite um. Die beiden nebeneinander liegenden Hörner darüber sind zwar vollplastisch gebildet, aber oval und nicht rund, wie man erwarten würde. Unmittelbar unterhalb der Blätter und Früchte teilen sie sich auf ein kleines Stück. Der sehr voluminöse Fruchtkorb nimmt mehr als ein Drittel der Gesamthöhe ein. Unter drei Partien mit je zwei Kerbbändern hängen drei große Weinblätter. Fast nur in der Unteransicht erkennt man darunter drei Trauben. Kerbbänder hängen an den Seiten nach unten. Mit diesen könnten Blätter gemeint sein. Oberhalb der waagerechten Kerbbänder sitzen zehn kugelige Objekte mit eingetieftem Mittelpunkt und Strahlen. Es dürften eher Granatäpfel oder Mohnkapseln als Blüten gemeint sein. Für beide Früchte ist die hohe Anzahl an Samen beziehungsweise Kernen charakteristisch, die beide die segenspendende Fülle charakterisieren. Oben rechts und links zu Seiten einer dieser Früchte liegen zwei ovale Gebilde mit Kerben, wohl Blätter. Über dem sehr kompakten Bereich erhebt sich eine annähernd senkrechte Partie, bestehend aus drei senkrecht nach oben stehenden Zacken mit einer flachen, halbrunden Scheibe vor dem mittleren. In der Scheibenmitte sitzt ein rundes Gebilde, ähnlich den Früchten weiter unten. Der flache Rand ist mit sieben Punktpunzen verziert, von denen drei in der Mitte von Kreispunzen sitzen. Die Weinblätter sind auf der Rückseite sorgfältig ausgebildet. Hingegen wurden die Scheibe und die Strahlen darüber eigenartigerweise roh belassen, obwohl man sie in der Rückansicht gut gesehen hätte. Ein Hinweis auf eine Lötverbindung mit einer Statuette fehlt. Da man aber von einer Einzelaufstellung nicht ausgehen darf, war die Spitze vermutlich in die Öffnung einer Hand eingesteckt und verlötet. Als das Füllhorn abbrach, blieb sie in der Hand. Geht man von der Zugehörigkeit zu einer Statuette aus, so ist der Verlust groß, denn diese müsste ohne Sockel fast 30 cm hoch und von bester Qualität gewesen sein.

Dieses besondere Stück soll der Ausgangspunkt für die Vorstellung weiterer interessanter Füllhorndarstellungen aus den Sammlungen des Landesmuseums und der Gesellschaft für Nützliche Forschungen sein. Einige sind in der Dauerausstellung zu sehen; andere gehören zu den umfangreichen Schätzen in den Museumsdepots.

Das Motiv des leicht geschwungenen Füllhorns – meist ein Ziegenhorn, seltener ein Rinderhorn – hat seinen Ursprung in der griechischen Mythologie: Eine Ziege mit schönen Hörnern gehört zum Geburtsmythos des griechischen Gottes Zeus, dem der römische Jupiter in vielen Zügen entspricht. Zeus' Vater, der Titan Kronos, verschlingt alle seine Kinder direkt nach ihrer Geburt, aus Angst, sie könnten seine Macht an sich reißen. Seine Gattin Rhea bringt daher ihren jüngsten Sohn Zeus vor ihm verborgen in einer Höhle am Berg Ida auf Kreta zur

Welt. Statt des Säuglings gibt sie Kronos einen in Windeln gewickelten Stein, den dieser verschlingt. Das Kind wird im Versteck von der Nymphe Amaltheia mit der Milch einer Ziege aufgezogen. In anderen Mythenversionen ist Amaltheia selbst die Ziege. Der römische Dichter Ovid (43 v. Chr. - 17 n. Chr.) schildert die Begebenheit in seinen „Fasti", einem Kalender der römischen Feste in Gedichtform:

> Amaltheia die Nymphe, bekannt auf dem kretischen Ida,
> Hat den Jupiter einst – sagt man – im Walde versteckt.
> Sie besaß eine Ziege. Zwei Böcklein säugte die, stach auch
> Unter den Ziegen im Land durch ihre Schönheit hervor:
> Hoch und nach hinten gebogen waren die Hörner; durchs Euter
> War sie prädestiniert, Jupiters Amme zu sein.
> Die gab dem Gott ihre Milch, doch brach sie am Baum sich ein Horn ab;
> Ihrer Zier war die Geiß dadurch zur Hälfte beraubt.
> Gleich hob die Nymphe es auf, hat mit frischem Grün es umwunden
> Und mit Früchten gefüllt, Jupiters Mund dann kredenzt.

(Ovid, Fasti 5, 115-124; Übertragung von W. Gerlach).

Eine Silbermünze (Antoninian) Valerians II., Sohn des Kaisers Gallienus (218-268 n. Chr.), zeigt auf der Rückseite ein recht ungewöhnliches Bild: Auf dem Rücken einer nach rechts schreitenden Ziege mit langen, geschwungenen Hörnern sitzt ein nackter Knabe. Er blickt nach rechts; seine Beine sind zum Beschauer gewendet [Abb. 2]. Beide Arme sind ausgebreitet. Die linke Hand fasst eins der Hörner. Die Umschrift IOVI CRESCENTI erlaubt die Deutung als die schöne Ziege der Amal-theia, die Jupiter als Kind trägt: Jovis/Jupiter entspricht dem griechischen Zeus.

2
Silbermünze Valerians II.
Geprägt 257-258 in Köln(?).
Dm. 2-2,3 cm. M. 2:1.

RLM Trier, Inv. 1942,846.

In seinem Werk „Metamorphosen" bringt Ovid das Füllhorn mit dem Flussgott Acheloos in Verbindung: Im Kampf mit Herakles um die Hand der schönen Königstochter Deianeira verwandelt der Gott sich zunächst in eine Schlange, dann in einen Stier. Herakles bricht diesem ein Horn ab. Acheloos selbst schildert, was danach geschieht: „Naiaden füllten es mit Obst und duftenden Blumen und weihten es. Und die Göttin der Fülle ist durch mein Horn reich" (9,87-89; Übertragung von M. v. Albrecht). *Cornucopia* ist die lateinische Bezeichnung für das Füllhorn.

Das abgebrochene Tierhorn wurde zum Symbol für Segen, Fülle, Fruchtbarkeit, Überfluss und Reichtum. Dargestellt wird es in der Regel sehr groß, mit der Spitze nach unten, gefüllt mit Blättern und Früchten, die über die große Öffnung quellen, manchmal auch mit Ähren und Broten. In dieser Form wird es zum Attribut mehrerer Gottheiten und Personifikationen, die segenspendende Eigenschaften haben. Die Position des Füllhorns an der linken Körperseite ist die selten verletzte Regel.

Die römische Glücksgöttin *par excellence* ist Fortuna. Ihre Attribute sind das Füllhorn an der linken Körperseite und ein Steuerruder in der rechten Hand. Letzteres fehlt häufig, da es oft einzeln gefertigt war. Doch sind Arm- und Handhaltung auch dann typisch.

3
Statuette der Fortuna.
Bronze. H. mit Sockel 12,4 cm.
M. 1:1.

RLM Trier, Inv. 5063.
(Menzel Nr. 64; Faust 1996
Nr. 16b; Riederer 582).

4
Pachten.
Statuette der Fortuna.
Bronze. H. mit Sockel 10 cm.
M. 1:1.

RLM Trier, Inv. 1899,218.
(Menzel Nr. 65).

3

4

Eine kleine Bronzestatuette auf mitgegossenem viereckigem Sockel [**Abb. 3**] zeigt die Göttin in Chiton und Mantel in schönem Faltenwurf, mit einem Diadem im Haar. Ihr Füllhorn ist im unteren Bereich recht dünn und lang. Eine große Traube hängt weit über den vorderen Rand. Darüber erkennt man eine kugelige Frucht und spitze Blätter. Trotz seines doch erheblichen Gewichtes wird dieses Füllhorn frei getragen und nicht gegen die Schulter gestützt. Das Steuerruder in der rechten Hand der Fortuna ging leider verloren. Die kleine Statuette ist kein Bodenfund. Vielmehr kam sie 1881 als Ankauf ins Museum. Aufgrund der Zusammensetzung der Kupferlegierung sind Zweifel an der antiken Entstehung geäußert worden. Sollten diese zutreffen, so handelt es sich aber mit größter Wahrscheinlichkeit um die Nachbildung oder sogar den Abguss eines antiken Vorbildes, denn Charakteristika wie zum Beispiel die Gestaltung des Diadems, finden sich bei Statuetten, die aus gesichertem römischem Fundzusammenhang stammen.

Zu einem unbekannten Zeitpunkt zwischen 1960 und 1974 wurde die Statuette, zusammen mit 17 weiteren, gestohlen. Als einzige fand die kleine Glücksgöttin wieder ihren Weg zurück ins Landesmuseum.

Aus Pachten im Saarland stammt eine weitere Fortunastatuette aus Bronze [Abb. 4]. Bei ihr stützt sich das Füllhorn leicht gegen die linke Schulter. Es handelt sich um eine eher provinzielle Arbeit. So erklärt sich wohl die ungewöhnliche Sockelform und die eigenartige Form des Kopfputzes. Mit diesem könnte die Krone der Isis gemeint sein. Die ägyptische Göttin wird häufig mit Fortuna gleichgesetzt und in dieser Form dargestellt. Meist erkennt man ihren Kopfschmuck aber besser.

Als *Fortuna balnearis* darf man eine kleine sitzende Marmorstatuette der Glücksgöttin mit Füllhorn und Steuerruder bezeichnen, wurde sie doch 1887 im Badetrakt *(balneum)* der römischen Villa von Pölich an der Mosel gefunden [Abb. 5a-b]. In diesem Fall sollte sie nicht nur Glück bringen, sondern auch heilende Kräfte entfalten.

Fortuna ist bekleidet mit Chiton und Mantel. Sie thront auf einem Sessel mit senkrechter Rückenlehne. Dem fertigen Werk ist die ursprüngliche Quaderform des kleinen Marmorblocks noch gut anzusehen. Der Bildhauer war kein wirklich großer Meister. Das große Füllhorn verschmilzt fast mit dem Arm und der Kontur der linken Körperseite. Eine senkrechte Eintiefung deutet an, dass es sich um ein Doppelfüllhorn handelt.

An der rechten Seite der Figur haben aus unbekanntem Grund Umarbeitungen und Ergänzungen stattgefunden. Möglicherweise setzte hier ursprünglich eine weitere Figur an, die abgearbeitet wurde. Dadurch scheinen Fehlstellen entstanden zu sein, die ausgearbeitet wurden. Zwei Elemente am unteren Rand und ein aus drei Teilen bestehender Pilaster mit Kapitell hinter der Göttin wurden einzeln gefertigt und angesetzt. Der gebogene Gegenstand in der rechten Hand der Fortuna gehört, zusammen mit einem kugeligen Element und einer kleinen Spitze davor am unteren Rand, zum Steuerruder. Dieses Motiv wurde nicht verstanden und im Einsatzteil durch Gewandfalten ersetzt.

5a
Pölich.
Statuette der Fortuna.
Marmor. H. 26 cm, B. 11,5 cm,
T. 26 cm. M. ca. 1:4.

RLM Trier, Inv. 18564.

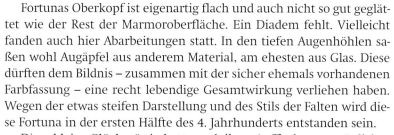

Fortunas Oberkopf ist eigenartig flach und auch nicht so gut geglättet wie der Rest der Marmoroberfläche. Ein Diadem fehlt. Vielleicht fanden auch hier Abarbeitungen statt. In den tiefen Augenhöhlen saßen wohl Augäpfel aus anderem Material, am ehesten aus Glas. Diese dürften dem Bildnis – zusammen mit der sicher ehemals vorhandenen Farbfassung – eine recht lebendige Gesamtwirkung verliehen haben. Wegen der etwas steifen Darstellung und des Stils der Falten wird diese Fortuna in der ersten Hälfte des 4. Jahrhunderts entstanden sein.

Diese kleine Glücksgöttin hatte nach ihrer Auffindung persönliches Pech: Zwei der einzeln gefertigten Teile gingen irgendwann verloren. 2016 war ihr das Glück wieder hold: Bei Magazinarbeiten wurde das nur 6,3 cm hohe, 4,0 cm breite und 2,2 cm starke Kapitellchen gefunden. Es konnte inzwischen wieder mit dem Block verbunden werden. Nach dem weiteren fehlenden Teil vom unteren Rand wird noch gesucht.

Zu den schönsten Terrakotten in der Sammlung gehört eine Statuette der Fortuna mit Füllhorn und Steuerruder aus Hottenbach im Kreis Birkenfeld [**Abb. 6**]. In welcher speziellen Situation die Hottenbacher Fortuna Glück bringen sollte, zeigen die Fundumstände: Sie wurde als Beigabe in einem Brandgrab gefunden, als Begleiterin ins Jenseits. Die mitgefundene Keramik erlaubt eine Datierung ins 1. Jahrhundert n. Chr. Die Hohlform für diese Statuette wurde in enger Anlehnung an eine Bronzestatuette, vielleicht sogar mithilfe einer Abformung derselben, hergestellt. Aus einer solchen zweiteiligen Form wurden natürlich zahlreiche Statuetten gefertigt. Dabei wurden im Verlauf der Benutzung die Einzelformen immer flauer. Die Fortuna aus Hottenbach steht dabei nicht am Anfang einer Serie, sonst wären ihre Einzelformen feiner.

Viele der Terrakottastatuetten wurden von Gläubigen als Weihegaben in Tempelbezirken deponiert. Sie waren auch für Personen erschwinglich, die sich Steindenkmäler oder teure Bronzestatuetten nicht leisten konnten.

Im Tempelbezirk im Altbachtal im Südosten des römischen Trier wurde 1879 eine thronende Göttin mit Füllhorn und Diadem gefunden [Abb. 7]. Ihr rechter Arm fehlt größtenteils. Aus der Haltung des Armansatzes ist aber klar, dass er erhoben war. Ein Steuerruder – und damit eine Deutung auf Fortuna – kann also ausgeschlossen werden. Zu den Seiten der Frau stehen zwei kleine Gestalten. Sie wurden nach der Auffindung als Adoranten gedeutet. Der zu ihrer linken Stehende legt die Arme zutraulich auf ihren Oberschenkel. Dieser Gestus, zusammen mit der Größe, spricht aber eher für eine Deutung der beiden als Kinder. Bei der Figur zur Rechten der Göttin handelt es sich wegen der Toga um einen Knaben. Das Kind zu ihrer Linken könnte ein Mädchen sein. Es wird sich also um die Darstellung einer Muttergöttin handeln. Namen zu den zahlreichen Darstellungen solcher Matronen in unserer Sammlung kennen wir leider nicht.

1975 wurde in der damaligen Dauerausstellung der Kopf der Göttin von einem Besucher abgeschlagen. Seitdem fehlt er. Das Schwarzweiß-Foto zeigt den Zustand vor 1975.

Das Oberhaupt der römischen Familie *(pater familias)*, der Kaiser, der Senat, das römische Volk, Vereine und Kooperationen, aber auch Städte und Militärlager haben einen Genius als Schützer. Aus dem Trierer Amphitheater stammt sogar eine Inschrift an den *Genius arenariorum*, den Schutzgott der Arenakämpfer. Diese segensspendenden Gottheiten tragen meistens ein Füllhorn.

Die schöne Bronzestatuette eines Genius gehört zu einem Hortfund, der 1915 in der Nähe von Detzem, Kreis Trier-Saarburg, gefunden wurde [Abb. 8]. Der Genius ist das schönste Stück des Fundes. Er ist ruhig stehend wiedergegeben, bekleidet mit einem Mantel, der Brust und Bauch unbedeckt lässt. Die erhobene rechte Hand hielt wohl ein Zepter. Das große Füllhorn in der linken Hand stützt sich gegen die linke Schulter. Die Hornspitze wird von einem Blattkelch umhüllt. Auf dem Haupt sitzt eine Mauerkrone, die realistische Wiedergabe einer Verteidigungsmauer mit glatten, steinansichtigen Mauerabschnitten zwischen Türmen mit spitzen Dächern. Es handelt sich hier also um einen Ortsgenius, der leider nicht näher zu benennen ist. Als Personifikation der Stadt Trier ist er sicher nicht anzusehen, da es sich bei der Treveris um eine weibliche Gestalt handeln würde.

Der Fundkomplex von Detzem besteht aus ca. 50 Objekten, meist aus Bronze, die in einer Truhe vergraben wurden. Entstanden sind sie vom 2. bis 4. Jahrhundert. Außer dem Genius gehören drei weitere Bronzestatuetten dazu: eine nicht benennbare Göttin mit Diadem, ein sitzender Merkur und ein kleiner Lar. Der Lar wurde leider vor Jahrzehnten gestohlen. Göttin und Lar sind wohl im 2. Jahrhundert n. Chr. entstanden, Merkur und Genius hingegen wohl erst im 3. Jahrhundert n. Chr. Dennoch können Sie gemeinsam in einem Lararium, dem Hausheiligtum eines jeden vornehmen römischen Hauses, gestanden haben.

7
Trier, Altbachtal.
Statuette einer Göttin.
Kalkstein. H. 38 cm.
RLM Trier, Inv. 3481.
(Kat. Std. Trier Nr. 383).

8
Detzem.
Statuette eines Genius.
Bronze. H. 10,5 cm.
RLM Trier, Inv. 1915,97.
(Menzel Nr. 55; Faust 2007
Nr. I.10.46; Deppmeyer 2018).

9
Trier, Saarstraße 39.
Genius.
Kalkstein. H. 40 cm.
RLM Trier, Inv. 9147.
(Kat. Std. Trier Nr. 83).

10
Trier, Barbarathermen.
Statuette des Plutosknaben.
Bronze. H. 6,1 cm. M. 1:1.
RLM Trier, Inv. 6735.
(Menzel Nr. 52; Faust 1996
Nr. 13f).

11a
Trier, Altbachtal.
Füllhorn mit Kinderarm.
Kalkstein. H. 20 cm. M. 1:4.
RLM Trier, Inv. ST 12420.
(Kat. Std. Trier Nr. 406).

Von einer etwa halblebensgroßen Statuette aus Kalkstein blieb leider nur der Torso ohne Kopf, Arme und Unterschenkel erhalten [Abb. 9]. Gefunden wurde sie 1883 an der heutigen Saarstraße, ca. 300 m südlich der Südallee. Durch das in seiner unteren Hälfte noch vorhandene Füllhorn ist die Benennung als Genius möglich. Die Gewandung entspricht der des Genius aus Detzem.

Eine kleine Bronzestatuette [Abb. 10] zeigt einen kleinen nackten Knaben mit einem Füllhorn. Der Kopf mit wulstigen Haarpartien wendet sich nach rechts unten, vom Füllhorn in der linken Hand weg. Die rechte Hand liegt mit geschlossenen Fingern im oberen Bereich der rechten Brust. Vom linken Bein fehlt der Unterschenkel mit dem Fuß; das rechte ist im halben Oberschenkel weggebrochen. Ansonsten ist das Figürchen gut erhalten. Darstellungen kleiner Knaben aus römischer Zeit werden auch ohne Flügel meist als Amor gedeutet. Wegen des Füllhorns wird es sich bei diesem aber eher um Plutos handeln, den griechischen Gott des Reichtums. Dieser wird als kleines Kind dargestellt. Sein Name ist das griechische Wort für Reichtum. Er ist der Sohn der Demeter, einer der 12 olympischen Gottheiten, zuständig für Ackerbau und Landwirtschaft, also nicht identisch mit dem Gott der Unterwelt Pluton (lateinisch: Hades). Zu Plutos passen die Fülle und der Überfluss aus dem Horn vortrefflich.

Auf den ersten Blick eher unscheinbar ist ein Füllhorn aus Kalkstein [Abb. 11a]. Erhalten ist die obere Partie mit Früchten. Auf diesen erkennt man den linken Arm eines Kindes. Diese Kombination erlaubt mit einiger Vorsicht die Deutung des Fragmentes: Nach 374 v. Chr. schuf der griechische Künstler Kephisodot eine Statue der Friedensgöttin Eirene für die Aufstellung auf der Athener Agora im Zusammenhang mit der Einführung ihres Kultes. Eirene wurde dargestellt mit dem kleinen Plutosknaben und einem Füllhorn im linken Arm, also Frieden und

Reichtum in enger Verbindung. Das Original wurde in Bronze gegossen, Kopien stellte man aus Marmor her. Die schönste befindet sich in der Münchner Glyptothek. Leider ging bei ihr das Füllhorn verloren. Darstellungen auf Amphoren, die den Siegern der panathenäischen Spiele in Athen im Jahr 360/359 v. Chr. verliehen wurden, überliefern aber die Kombination des Knaben mit dem Füllhorn anschaulich [Abb. 11b]. Zwar legt Plutos hier seine Hand nicht oben auf das Füllhorn, dennoch könnte aber die kleine Kalksteinplastik in freier Anlehnung an das berühmte klassische Vorbild geschaffen worden sein. Möglich bleibt auch die Deutung als Muttergöttin mit Kind, für die sich mit Füllhorn und Kind im Arm allerdings keine Parallele finden lässt.

Aus dem Tempelbezirk Altbachtal stammen zwei weitere Füllhörner aus Kalkstein [Abb. 12-13]. Beide wurden einzeln gefunden, ohne einen Zusammenhang, der die Zuweisung zu der infrage kommenden Gottheit erlauben würde. Aufgrund ihrer Größe kann man aber von großen Statuetten oder sogar Statuen ausgehen. Die Füllhörner mit der üppigen Last von Blättern und Früchten waren sicher in ihren natürlichen Farben wiedergegeben, das Horn selbst vielleicht in einem hellen Beige oder Creme.

11b
Eirene des Kephisodot auf panathenäischer Preisamphore.

Eretria, Museum, Inv. 14815.
(LIMC III 2, 541 Abb. 6f).

12

13

12
Trier, Altbachtal.
Füllhorn.
Kalkstein. H. 22 cm. M. 1:4.

RLM Trier, Inv. ST 13548.
(Kat. Std. Trier Nr. 408).

13
Trier, Altbachtal.
Füllhorn.
Kalkstein. H. 31 cm. M. 1:4.

RLM Trier, Inv. ST 9048.
(Kat. Std. Trier Nr. 410).

Mit nicht zu benennenden Götterstatuetten aus dem möglichen Spektrum waren sicher auch drei kleine Füllhörner aus Bronze verbunden [Abb. 14-16]. Das größte [Abb. 16] hat eine ungewöhnliche Form mit weit nach vorn reichender Spitze. Vermutlich gehörte es zu einer sitzenden Statuette, ähnlich der Fortuna aus Pölich [Abb. 5].

14
Trier, Altbachtal.
Füllhorn.
Bronze. H. 7,5 cm. M. 1:1.
RLM Trier, Inv. ST 11948.

15
Trier, Gilbertstraße.
Füllhorn.
Bronze. H. 3,7 cm. M. 1:1.
RLM Trier, Inv. ST 3219.
(Menzel Nr. 232).

16
Füllhorn.
Bronze. H. 15 cm. M. 1:1.
RLM Trier, Inv. 6472.

17
Trier, Mosel/Römerbrücke.
Füllhorn.
Bronze. H. 6 cm. M. 1:1.
RLM Trier, Inv. 2000,2 Nr. 339.

15

14

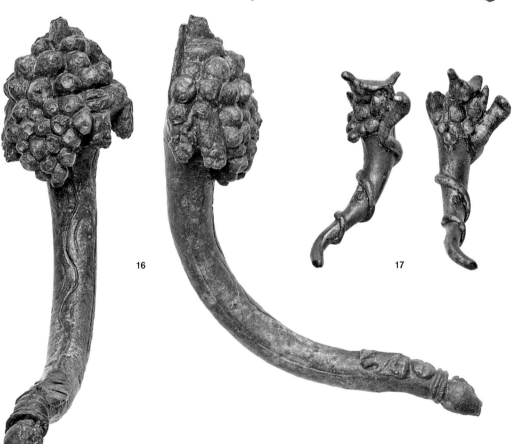

16

17

a   b

18
Trier oder Umgebung.
Intaglio mit Darstellung
der Fortuna.
Karneol. 1,7 x 1,2 cm.
a *Original.* **b** *Abdruck. M. 2:1.*
RLM Trier, Inv. G I L 1252
(Sammlung der Gesellschaft
für Nützliche Forschungen).
(Krug Nr. 51).

Ungewöhnlich ist ebenfalls ein 1977 in der Mosel gefundenes Exemplar, das aus der Sammlung Peter Kohns erworben werden konnte [**Abb. 17**]: Um das Horn windet sich eine Schlange bis hinauf zu den Früchten. Auf diesen sitzt ein kleiner Vogel. Durch den gespreizten Halsschild gibt sich die Schlange als Kobra zu erkennen. Damit wird es sich bei der verlorenen Göttin, zu der das Attribut gehörte, um die ägyptische Isis-Fortuna gehandelt haben.

Das Füllhorn findet sich auch im ganz persönlichen Bereich. Neben dem dekorativen Wert wird hier der Wunsch nach Glück und reichen Gaben sicher eine Rolle bei der Motivwahl gespielt haben. Ein Ringstein aus rotem Jaspis, entstanden im 1. Jahrhundert n. Chr., zeigt Fortuna mit dem Steuerruder in der linken und dem Füllhorn in der rechten Hand [**Abb. 18**]. Auf den ersten Blick sieht es so aus, als sei die Position der Attribute hier vertauscht. Doch ist der vertieft geschnittene Stein zum Siegeln bestimmt. Im – spiegelbildlichen – Ausdruck wird das Füllhorn dann wieder von der linken Hand gehalten.

19
Newel.
Fingerring mit einem Intaglio
mit Vogelmotiv in fränkischem
Goldring.
Nicolo. Dm. des Ringes 1,9 cm.
M. 2:1.
RLM Trier, Inv. 1967,163m.
(Krug Nr. 83).

Die ungewöhnliche, nicht zu deutende Kombination von einem Raben auf einem Tintenfass vor einem Füllhorn, einem Globus und einer Ähre ziert den grauen Nicolo in einem aufwendig gestalteten Goldring [**Abb. 19**]. Geschnitten im 1. Jahrhundert n. Chr. wurde er offensichtlich über Jahrhunderte wertgeschätzt und gut bewahrt, denn in fränkischer Zeit (vor 600 n. Chr.) erhielt er die heutige Fassung und wurde einer wohlhabenden Frau mit ins Grab gegeben.

Wesentlich schlichter ist die Glasgemme in einem Bronzering mit zwei sich über einem Globus kreuzenden Füllhörnern [**Abb. 20**]. Der Fingerring gehört zu einem Fund von über 80 fabrikneuen Exemplaren, die 1987 bei Grabungen am Trierer Viehmarkt gefunden wurden. 30 verschiedene Motive sind belegt: Köpfe von Göttern und mythologischen Gestalten, Tiere (ein Löwe, Mäuse, Hasen, Vögel, darunter der ägyptische Horusfalke, Fische und Seetiere), Helme, Komödienmasken, Hände, ein Getreidemaß. Blau und Grün sind die Farbvarianten. Das Motiv des Doppelfüllhorns ist in zwei grünen und einem blauen Exemplar vertreten. Gemeinsam ist allen Stücken die mäßige Qualität der Darstellung.

20
Trier, Viehmarkt.
Fingerring mit Doppelfüllhorn
über Globus.
Bronze, Glaspaste. 0,7 x 0,6 cm.
M. 2:1.
RLM Trier, Inv. 1987,189
FNr. 234-29.
(Krug Nr. 10,29).

a   b

Das Motiv der sich kreuzenden Füllhörner findet sich auch bei seltenen Bronzefibeln. Aus der Sammlung von Peter Kohns konnten zwei dieser Fibeln erworben werden. [Abb. 21]. Über den beiden in eine Halbkreisform einbeschriebenen Füllhörnern erheben sich frontal wiedergegebene Köpfchen. Das obere Füllhornende ist mit stilisierten Früchten zu den Seiten einer nach oben reichenden Spitze verziert. Die Mitte der Fibel bildet ein rundes Element. Bei einer der beiden Fibeln blieb eine Glaspaste als Auflage erhalten. Trotz ihres schlechten Zustandes kann man ein Gesicht erkennen.

Als Vorbild für diese Fibeln haben sicher die Münzen gedient, die kurze Zeit nach der Geburt der Zwillingssöhne des Drusus Caesar, Germanicus und Tiberius Gemellus, im Jahr 19 n. Chr. geprägt wurden [Abb. 22]. Drusus war der Sohn des Kaisers Tiberius aus erster Ehe. Ihn und seine beiden Kinder wünschte Tiberius als seine Nachfolger. Allerdings starben der Sohn und der Enkel Germanicus schon 23 n. Chr.

a

Die Entsprechung in der Darstellung zwischen Münzen und Fibeln ist frappierend. Die Anordnung der Füllhörner mit sich unten überkreuzenden Spitzen stimmen überein. Allerdings steht die Qualität des Münzbildes weit über der der Fibeln: Auf den Münzen erheben sich die Köpfchen über kleinen Gewandbüsten. Die Kinder blicken sich an. Ihre Gesichtszüge und das kurze Haar sind sorgfältig wiedergegeben. Sie tragen die Amulettkapsel *(bulla)* um den Hals, wie es bei Kindern vornehmer Familien üblich ist. Diese liegt jeweils auf dem vorderen Rand der Füllhörner auf. Direkt darunter hängen kleine Trauben. Der geflügelte Heroldstab des Merkur *(caduceus)* steht senkrecht in der Bildmitte. Für die Übertragung auf das Fibelmotiv musste die Darstellung natürlich vereinfacht werden. Vielleicht wurden die Fibeln zur Geburt von Zwillingen verschenkt. Dies würde ihre Seltenheit erklären.

b

Zwei motivisch verwandte Schmuckanhänger mit Öse auf der Rückseite von sehr unterschiedlicher Qualität stellen Harpokrates (Horus, das Kind) dar. Beide wurden in der Mosel gefunden. Typisches Merkmal dieses kindlichen griechisch-ägyptischen Gottes, des Sohnes der Isis und des Osiris, ist der Gestus des zum Mund geführten rechten Zeigefingers als Mahnung zum Schweigen.

23   24   25

Der äußerst qualitätvolle Harpokrates aus Silber trägt ein enges Gewand, das Genital und Po unbedeckt lässt [Abb. 23]. Dem Gott ist eine Reihe von Attributen und Tieren beigegeben. Einige wurden von anderen ägyptischen und griechischen Gottheiten entlehnt: Er trägt eine Krone aus Mondsichel, Sonnenscheibe und Federn, ähnlich wie die seiner Mutter Isis. Winzige Hörnchen, vielleicht wie die der kuhgestaltigen ägyptischen Göttin Hathor, sitzen in seinem lockigen Haar über der Stirn. Die kleinen Rückenflügel gehören zu Eros. Hinter der rechten Schulter erkennt man einen Köcher, wie ihn Artemis oder Apollon tragen. Ein kugeliges Eimerchen hängt in der Beuge des rechten Armes. Mit der linken Hand hält Harpokrates ein Füllhorn. Über dessen Früchten sitzt ein Helm, ein Attribut der Athena oder des Ares. Um einen Baumstamm unterhalb des Füllhorns windet sich eine Kobra. Ein Delphin ist im unteren Bereich des Stammes mit dem Kopf nach unten dargestellt. Auf der rechteckigen Standplatte sitzt zur Rechten des Gottes ein Hündchen, zu seiner Linken ein kleiner Vogel.

Der kleine Harpokrates aus Bronze hingegen ist äußerst schlicht [Abb. 24]. Durch die charakteristische Handhaltung in Kombination mit dem knappen Gewand ist die Deutung dennoch sicher. Außer einer Federkrone trägt er als einziges Attribut ein Füllhorn, dessen obere Partie sogar größer ist als der Kinderkopf. Die stilisierten Früchte sind durch sich kreuzende Linien angedeutet.

Ein kleines Bronzebildwerk zeigt ebenfalls die Kombination vieler Götterattribute [Abb. 25]. Es handelt sich um ein sogenanntes pantheistisches Symbol (signum pantheum). Von links nach rechts erkennt man: die Keule des Herkules, umwunden von der Schlange des Aeskulap, die Eule der Minerva, die Leier des Apollo, darunter auf dem Boden wohl die Schildkröte des Merkur und ein kleines Doppelfüllhorn ohne Früchte als Symbol der Isis-Fortuna. Mindestens ein weiteres Attribut über dem Doppelfüllhorn ist weggebrochen. Auch die obere Partie der Leier fehlt.

23
Trier, Mosel/Römerbrücke.
Harpokrates-Anhänger.
Silber. H. 3,5 cm. M 2:1.

RLM Trier, Inv. 1999,9.
(Hübner 9-10).

24
Trier, wohl Mosel/Römerbrücke.
Harpokrates-Anhänger.
Bronze. H. 3,4 cm. M. 2:1.

RLM Trier, Inv. 2005,1.
(Hübner 10).

25
Signum Pantheum.
Bronze. H. 7,8 cm. M. 1:1.

RLM Trier, Inv. G I O 9
(Sammlung der Gesellschaft
für Nützliche Forschungen).
(Menzel Nr. 199).

Auf die enge Verbindung der Fortuna mit der ägyptischen Göttin Isis wurde bereits hingewiesen. Aus Ägypten stammt letztendlich auch die Verdoppelung des Füllhornes, wie sie das schöne Exemplar aus Morscheid [Abb. 1] und das pantheistische Symbol [Abb. 25] deutlich zeigen. Im dynastischen Bildprogramm des Ptolemaios II. Philadelphos (308-246 v. Chr.) und seiner Schwester und Gattin Arsinoë II. (316-270 v. Chr.) spielte das an der Spitze verbundene Doppelfüllhorn eine wichtige Rolle als Symbol für die geschwisterliche Liebe der beiden.

Zwar ist dieses Motiv bis zu uns gewandert, die Verbindung zum ptolemäischen Geschwister-Ehepaar spielte aber sicher keine Rolle mehr. Wahrscheinlich versprach man sich von der Verdoppelung des Füllhorns vielmehr eine Verstärkung seiner segensspendenden Wirkung, in einer Zeit, als unheilabwehrende oder glücksbringende Motive eine wesentlich größere Bedeutung hatten als heutzutage.

Für wertvolle Hinweise danke ich den Kollegen Lars Blöck und Klaus-Peter Goethert, letzterem besonders für seine Unterstützung und stets konstruktive Kritik. Für die Reinigung und Restaurierung der Objekte danke ich Ludwig Eiden und Frank Caspers, für die Neuaufnahmen Thomas Zühmer und Katharina Ackenheil sowie Franz-Josef Dewald für das gelungene Layout.

Literatur

M. Bernhart, Handbuch zur Münzkunde der römischen Kaiserzeit (Halle 1926). – K. Deppmeyer, Ein Schatz aus dem Wald – der Verwahrfund von Detzem. Jahrbuch Kreis Trier-Saarburg 2018, 243-252. – S. Faust, Beiträge in: Religio Romana. Wege zu den Göttern im antiken Trier. Hrsg. von H.-P. Kuhnen. Schriftenreihe des Rheinischen Landesmuseums Trier 12 (Trier 1996). – S. Faust, Beiträge in: Konstantin der Große. Ausstellungskatalog, Trier 2007. Hrsg. von A. Demandt/J. Engemann (Mainz 2007) CD-ROM. – D. Hübner, Harpokrates – ein kleiner Ägypter in Augusta Treverorum. Funde und Ausgrabungen im Bezirk Trier 41, 2009, 7-13. – A. Krug, Römische Gemmen im Rheinischen Landesmuseum Trier. Schriftenreihe des Rheinischen Landesmuseums Trier 10 (Trier 1995). – H. Menzel, Die römischen Bronzen aus Deutschland II. Trier (Mainz 1966). – J. Riederer, Der Beitrag der Metallanalyse zur Bestimmung römischer Statuettenwerkstätten. In: Antike Bronzen. Werkstattkreise: Figuren und Geräte. Akten des 14. Internationalen Kongresses für Antike Bronzen in Köln, 21. bis 24. September 1999. Kölner Jahrbuch 33, 2000 (Berlin 2001) 575-583.

Schriftquellen

P. Ovidius Naso, Fasti. Festkalender. Auf der Grundlage der Ausgabe von W. Gerlach neu übers. und hrsg. von N. Holzberg (Zürich 1995).

P. Ovidius Naso, Metamorphosen. Übers. und hrsg. von M. v. Albrecht (Stuttgart 2019).

Abkürzungen

Kat. Std. Trier   W. Binsfeld/K. Goethert-Polaschek/L. Schwinden, Katalog der römischen Steindenkmäler des Rheinischen Landesmuseums Trier 1. Götter- und Weihedenkmäler. Trierer Grabungen und Forschungen 12,1 (Trier 1988).

LIMC   Lexicon iconographicum mythologiae classicae III (Zürich 1986).

Abbildungsnachweis
Abb. 1; 3-5a; 6; 8-11a; 12-22a; 23-25 Th. Zühmer, RLM Trier, Digitalfotos.
Abb. 2 K. Ackenheil, RLM Trier, Digitalfoto.
Abb. 5b; 7 RLM Trier, Foto B 597; B 1642.
Abb. 11b LIMC III 2, 541.
Abb. 22b Bernhart 1926 Taf. 5,4.

Sol – ein römischer Gott aus Hottenbach, Kreis Birkenfeld

Korana Deppmeyer

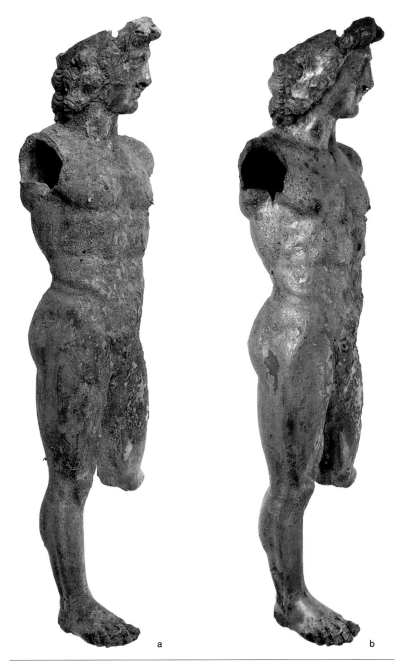

1
Hottenbach.
Bronzestatuette des Sol.
a *Zustand nach der Auffindung.*
b *Nach der Reinigung.*
M. 1:2.
RLM Trier, Inv. 2017,2.

Im Jahr 2017 wurde im Umfeld der Ortsgemeinde Hottenbach eine bemerkenswerte antike Statuette entdeckt. Sie ist mit einer Größe von 30 cm in den römischen Provinzen selten; in der Regel misst die Massenproduktion dieser kleinformatigen Figuren gerade einmal 10-15 cm. Zudem liegen für die Region nur wenige Vergleiche vor. Gefertigt wurde sie aus Bronze und ist mit einem Weißmetallüberzug aus Zinn versehen [Abb. 1].

2
Hottenbach.
Bronzestatuette des Sol.
Ansicht von oben.

3
Trier, Gilbertstraße.
Kopf einer Statuette des Sol
mit Strahlenkrone.

Privatsammlung.

4
Hottenbach.
Bronzestatuette des Sol.
Vorder- und Rückansicht.
M. 1:3.

Die nackte männliche Figur ist kräftig-muskulös, wobei die Rückseite genauso detailreich wie die Vorderseite gearbeitet ist, was auf eine intendierte Ansicht der Statuette von allen Seiten deutet. Die Bartlosigkeit ist ein Zeichen von Jugendlichkeit. Das längere, fast bis auf die Schulter fallende lockige Haar weist eine große Stirnlocke auf und unter dem heute defekten Zinnüberzug klare Ziselierungen der Locken. Der Hinterkopf ist tonsurartig ausgebrochen, ein Hinweis darauf, dass dieser mit einem Kranz, einer Strahlenkrone oder einer anderen Kopfbedeckung separat gegossen und angenietet war [**Abb. 2**].

Ab einer bestimmten Größe war es technisch sinnvoll, die Kalotte samt Kopfschmuck separat zu gießen, war doch so gewährleistet, dass auch ein komplizierter oder kleinteiliger Aufsatz wie eine Strahlenkrone fehlerfrei gegossen werden konnte. Bei kleineren Figuren war dies hingegen nicht erforderlich [**Abb. 3**]. Beide Arme und das linke Bein unterhalb des Knies fehlen bei der Hottenbacher Statuette. Der rechte Arm war nach der Ausrichtung seines Ansatzes erhoben und das rechte Standbein auf einer heute fehlenden Standbasis fixiert; das linke Bein war leicht nach hinten gesetzt. Die durch Stand- und Spielbein entstehende Ponderation wird an der ausgeprägten Muskulatur klar sichtbar [**Abb. 4**].

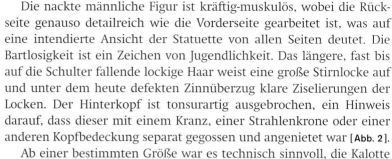

Zur Identifizierung

Aufgrund des vollständigen Fehlens von Attributen sind eine Zuweisung und Benennung der Figur nicht zweifelsfrei vorzunehmen. Das Darstellungsschema eines nackten, jungen, bartlosen Mannes trifft zunächst auf mehrere römische Götter zu. Wir beginnen die Betrachtung mit dem unwahrscheinlichsten Fall, der Identifizierung mit Merkur [Abb. 5]. Der Gott der Händler und Diebe wird ebenfalls häufig nackt dargestellt. Er trägt üblicherweise einen Flügelhelm oder -hut, den *petasos*, in den Händen einen Geldbeutel und einen Heroldstab, den *caduceus*. Merkur kommt aber auch ohne all diese Attribute aus. Sie müssen nicht immer zusammen auftreten, oftmals genügt für die Identifizierung eine spezifische Beigabe. In sehr seltenen Fällen – dieser ist so einer – findet sich Merkur mit erhobenem rechtem Arm, in dem er den Geldbeutel hielt, und in der gesenkten linken Hand wohl den *caduceus* oder umgekehrt. Er trägt keine Kopfbedeckung, die Flügel sind direkt am Kopf angesetzt. Einstige Attribute wie Heroldstab oder Lanze und Geldbeutel fehlen. Der Gott wird häufig von einem Tier begleitet, in dem Falle von einem Hahn, als Boten des neuen Tages. Sein Haar ist zwar immer lockig, aber kürzer als das der Statuette aus Hottenbach. Auch das macht eine Benennung unserer Figur als Merkur nicht sehr wahrscheinlich.

Eine weitere Identifizierung, wenn auch ebenfalls eine untypische, wäre als Kriegsgott Mars möglich [Abb. 6]. Er tritt in aller Regel bekleidet und bärtig auf, doch finden sich auch Ausnahmen mit nackter und bartloser Darstellung. Übliche Attribute sind Helm, Schild, Schwert, des Weiteren eine Lanze, auf die er sich mit erhobenem rechtem Arm stützt.

5
Trier, Altbachtal.
Bronzestatuette des Merkur
mit Hahn.
H. 22,3 cm.

RLM Trier, Inv. ST 13723/24.

6
Foss Dyke, Lincolnshire.
Bronzestatuette des Mars.

**London, British Museum,
Inv. OA 248.**

7   8

Ebenfalls als nackter Mars kann diese Bronzestatuette identifiziert werden [Abb. 7]. Auch er trägt lediglich einen Helm mit hohem Helmbusch. Die Körperhaltung ist allerdings identisch mit der der Figur aus Hottenbach, was trotz der summarisch und grob gearbeiteten Statuette geringer Qualität deutlich sichtbar wird. Mars war mit dem erhobenen rechten Arm auf eine Lanze gestützt. Auf dem rechten Bein stand er, das linke war nach hinten gesetzt und berührte lediglich mit der Fußspitze den Boden.

Der römische Gott der Weissagung und der Künste Apollo wird ebenfalls regelhaft als junger, bartloser Mann mit lockigem, längerem Haar und einem Lorbeerkranz auf dem Kopf dargestellt. Als Attribute finden sich Pfeil und Bogen. Häufig hält er auch eine Opferschale, eine *patera*, in der nach vorn gehaltenen rechten Hand [Abb. 8]. Apollo ist auch der Gott des Lichtes, als Apollo Phoebus, „der Leuchtende", wird er mitunter mit dem Sonnengott Sol gleichgesetzt oder tritt in Personalunion mit diesem als Apollo-Sol auf. Schon ab dem 3. Jahrhundert ist eine klare Trennung nicht mehr vorzunehmen.

Das fast immer vorhandene Erkennungszeichen des Sonnengottes Sol ist ein Strahlenkranz, den er auf dem Kopf trägt, aber auch seine Jugendlichkeit, verdeutlicht durch eine bartlose Darstellung [Abb. 9]. Der Gott tritt nackt auf oder aber mit lediglich einem Umhang über den Schultern. Attribute sind Peitsche und Globus, die ihn als Wagenlenker am Firmament klassifizieren. Häufig ist er mit erhobenem rechtem Arm im Grußgestus dargestellt. Das rechte Standbein ist auf einer Basis aufgesetzt, das linke leicht angewinkelt zurückgestellt.

Die übliche Abbildung des Sonnengottes hat damit die meisten Übereinstimmungen mit der Statuette aus Hottenbach, die deshalb wohl mit größter Wahrscheinlichkeit als Sol beziehungsweise Apollo-Sol angesprochen werden darf. Dem Bildnis liegt ein Vorbild zugrunde, denn es gibt in vielen Details eine ganze Reihe übereinstimmender Kleinbronzen. Sol-Darstellungen sind als Zeugnisse eines weit verbreiteten Kultes im gesamten Römischen Reich anzutreffen. Die Handwerker in den Provinzen formten das Vorbild, auch wenn es vielleicht nicht immer genau bekannt war, nach eigenem Können oder Geschmack um. Im Falle der Statuette von Hottenbach war das Können recht groß, denn sie ist qualitativ hochwertig und reicht über das übliche Maß der ‚gewöhnlichen‘ Kleinbronzen hinaus. Dies erkennt man auch an diversen Feinheiten wie den sorgfältig ziselierten und nachträglich geritzten Locken.

a

Zur Datierung

Die Verehrung des Sonnengottes Sol war im Gebiet der westlichen römischen Provinzen sowie im ganzen Römischen Reich weit verbreitet. Auf Münzen trat Sol seit Beginn des 3. Jahrhunderts mit Strahlenkrone und erhobenem rechtem Arm auf und es ist auch die im 3. Jahrhundert üblichste Darstellungsart des Gottes auf Münzen der römischen Kaiser.

Trotz der hohen Qualität ist die zeitliche Einordnung nicht klar und zweifelsfrei vorzunehmen beziehungsweise auf einen kurzen Zeitraum einzugrenzen. Zudem ist die Oberfläche der Statuette stark beschädigt, durch Hitzeeinwirkung schmolz der Zinnüberzug und veränderte auf diese Weise die Oberfläche der Figur. Restauratorische Untersuchungen ergaben, dass die Statuette sehr wahrscheinlich bei einem Brand beschädigt wurde. Möglicherweise wurde sie durch herabstürzendes Material dabei auch von der Standbasis gebrochen, worauf die Öffnung in der Fußsohle deutet [**Abb. 10c**]. Die ausgebrochenen Nietlöcher lassen auf ein gewaltsames Abtrennen der Kopfbedeckung mit der Kalotte von der Statuette schließen [**Abb. 10a**]. Die Figur lag auf ihrer Vorderseite, was kleine Zinnansammlungen und Aufwerfungen in den Vertiefungen ihrer Rückseite belegen. An der linken Gesichtshälfte und im Bereich von Ohr und Hals ist das Zinn zusammengelaufen und hat einen Hohlraum gebildet zur darunterliegenden Bronze. Die Metallauflage hat sich an einigen Stellen komplett abgelöst [**Abb. 10a-b**].

b

c

10
Hottenbach.
Bronzestatuette des Sol.
a *Kopf mit abgetrennter Kalotte.*
b *Rückseite. Detailansicht.*
c *Fußsohle.*

Wegen dieser Oberflächenveränderungen, vor allem im Gesicht, bietet sich keine Möglichkeit der Betrachtung von Details, die wiederum eine Datierung erleichtern können. Dennoch lässt sich die Figur mit einiger Wahrscheinlichkeit anhand von stilistischen Vergleichen in ihrer Herstellung auf das 2.-3. Jahrhundert eingrenzen. Es dürfte sich zudem um eine heimische Arbeit handeln, nicht um ein Importstück. Die gewaltsam beschädigte Figur könnte ebenfalls in späterer Zeit eine Verwendung als Altmetall, das zum Recyceln vorgesehen war, gefunden haben.

Zum Ort der antiken Aufstellung

Der einstige Kontext der Aufstellung des Sol ist ebenfalls unbekannt, doch häufig fanden derlei Bronzefiguren Aufstellung im Privatbereich – in häuslichen Kultschreinen, den Lararien. Auf der Gemarkung Hottenbach wurde in den 1930er Jahren das Fundament eines kleinen römischen Tempels, nicht größer als 20 m², entdeckt. Die zugehörige Kultstatue war stark beschädigt, wohl mutwillig zerstört worden: eine lebensgroße, sitzende weibliche Gottheit aus Sandstein. Die Fundlage ist ansonsten spärlich, aber die weiteren Funde weisen in das 2. und 3. Jahrhundert. Möglicherweise ist die Statuette des Sol auch im Kontext mit diesen Funden zu sehen.

In der Umgebung von Hottenbach gab es ebenfalls einen römischen *vicus*, eine kleine Straßensiedlung, die wohl schon im 1. Jahrhundert v. Chr. eine keltische Siedlung war und nach Münzfunden auch bis in das 4.-5. Jahrhundert, möglicherweise bis in das Mittelalter oder auch wieder im Mittelalter besiedelt war. Eine Siedlungskontinuität ist allerdings nicht sicher zu belegen. Damit könnte die Statuette einst sowohl in sakralem als auch profanem Kontext aufgestellt gewesen sein.

Doch auch wenn der Fund nicht sicher mit einem der Orte verbunden werden kann, bleibt er für die Region ein besonderes Objekt, das aus dem Spektrum anderer erhaltener Bronzestatuetten herausragt.

Abbildungsnachweis

Abb. 1-2; 4-5; 10 Th. Zühmer, RLM Trier, Digitalfotos.

Abb. 3; 7 J. Kuhlmann/M. Viehöver, RLM Trier, Digitalfotos.

Abb. 6 British Museum, London. https://research.britishmuseum.org/research/collection_online/collection_object_details.aspx?assetId=599338001&objectId=1362010&partId=1 [05.02.2020].

Abb. 8 J. Hocine, Musée Saint-Raymond, Toulouse. http://2000ans2000images.toulouse.fr/fr/search-notice/detail/v92qc4vrxs92nndbc7diqv1f3zwbrvtsxttnalqtss4xw0nq9y?search=25585 [05.02.2020].

Abb. 9 https://archaicwonder.tumblr.com/post/140870484226/roman-bronze-statuette-of-sol-invictus-2nd-3rd [05.02.2020].

Die Weinschiffe
Lothar Schwinden
der römischen Grabmäler von Neumagen

Wolfgang Binsfeld (1928-2011)
Heinz Cüppers (1929-2005)
nonagenariis –
den väterlichen Freunden gewidmet

1
Neumagen.
Weinschiff 1.
(Massow Nr. 287a 1-2).

„Das Neumagenschiff […] gerudertes Kriegsschiff,
als Weintransportschiff außerplanmäßig eingesetzt"
(Künzl 2018, 57).

„Es liegt kein Grund vor, an Kriegsschiffe zu denken:
Der eigenartige ,Schiffsschnabel' am Bug ist wohlbekannt von Handelsschiffen
und darf nicht mit dem Rammsporn der Kriegsschiffe verwechselt werden"
(Binsfeld 1979, 66).

Das große Neumagener Weinschiff [Abb. 1] aus der Zeit nach 200 n.
Chr. gehört zu den Ikonen der Sammlungen im Rheinischen Landesmuseum Trier. Neben dem Schulrelief ist es aufgrund seiner vorzüg-
lichen Erhaltung und wegen des außergewöhnlichen Informations-
wertes zu antiker Realität von besonderem Wert. Doch wie die dem
Beitrag vorangestellten Zitate zeigen, stehen die Einschätzungen zum
Neumagener Weinschiff – oder, genauer gesagt, zu den Neumagener
Weinschiffen – einander diametral gegenüber. Die Frage nach der Einordnung fordert immer wieder zu einer Betrachtung der Schiffe he-
raus. Die Überlegungen führen dabei über den schiffsarchäologischen
Sektor hinaus zu ikonographischen Aspekten der moselländischen
Grabplastik sowie zu sozioökonomischen Überlegungen im Bereich
der historischen Wissenschaften.

Die Theorie, das Neumagener Weinschiff sei ein Kriegsschiff, ist in jüngerer Zeit von Vertretern der Abteilung Museum für Antike Schifffahrt im Römisch-Germanischen Zentralmuseum Mainz argumentativ begründet worden. Das eingangs gebotene aktuelle Zitat von Ernst Künzl beruht auf den Forschungen seiner Mainzer Kollegen Olaf Höckmann und Ronald Bockius. Sie beziehen sich in ihrer Auffassung vorrangig auf antike Kriegsschiffe nach originalen Befunden und bildliche Darstellungen, angeregt vor allem durch die aufsehenerregenden Funde der Mainzer Römerschiffe 1981/82. Dem entgegen steht eine Einsicht, wie sie im Rheinischen Landesmuseum Trier, dem Aufbewahrungsort der Neumagener Weinschiffe, Wolfgang Binsfeld im Eingangszitat vertreten hat. Diese Interpretation geht nicht zuvorderst von einer schiffsarchäologischen Betrachtung aus, sondern von einer Einordnung in den Bestand der archäologischen Denkmäler im Allgemeinen und des Mosellandes im Besonderen. Bereits vorweg sei gesagt, dass auch die folgenden Darlegungen eher zur zweiten, sozusagen der ‚Trierer Seite', neigen und damit das Neumagener Weinschiff und seine Parallelstücke als eine umfassende Gruppe von Denkmälern zu einem wirtschaftsgeschichtlich bedeutsamen Bereich der römerzeitlichen Moselregion verstehen.

Neumagener Weinschiffe – die erhaltenen Denkmäler

Vor weiteren Überlegungen ist eine Bestandsaufnahme der bekannten Denkmäler notwendig. Man sollte nicht nur von einem, dem bekannten, Neumagener Schiff ausgehen und daraus folgernd von einem Sonderfall oder einer Sondernutzung dieses Schiffs sprechen. Tatsächlich sind mehrere Schiffsdenkmäler unter den skulpierten Steinen in Neumagen entdeckt worden (Massow Nr. 287-288). Für jedes dieser Schiffe sind von den antiken Steinmetzen jeweils zwei Sandsteinblöcke zur Gestaltung des Rumpfes sowie für die realistische Darstellung der Besatzung und der Ladung bearbeitet worden. Für das besterhaltene Neumagener Weinschiff ist die Zusammengehörigkeit der beiden Steinblöcke zu einer Gesamtlänge von 2,81 m eindeutig [Abb. 1; 7]. Die dekorativen Aufsätze an Bug und Heck, Köpfe von Fabelwesen, waren mit Dübeln und Klammern angestückt. Deren Zuweisung ist erst Jahrzehnte nach der Auffindung im damaligen Provinzialmuseum durch Elvira Fölzer (1911) und Siegfried Loeschcke (1927) gelungen.

Zum Quader mit dem beliebten ‚fröhlichen Steuermann', der im Heck eines weiteren Schiffes seinen Platz hat [Abb. 2], gehört mit großer Wahrscheinlichkeit ein ebenfalls noch vorhandener Block mit Schiffsbug. Für Wilhelm v. Massow war die gleichartige dekorative Ausgestaltung der Bordleisten, Ruderkästen und der Übergänge von den Bordwänden zu Bug und Heck ausschlaggebend, um in den beiden Weinschiffen ein zusammengehöriges Paar zu erkennen. Obwohl einiges für diese Annahme spricht, ist doch Vorsicht geboten. Die besser erhaltene linke Seite dieses zweiten Schiffes mit dem fröhlichen Steuermann, die Backbordseite, weist über seine Gesamtlänge mit zwei Steinblöcken nur fünf Ruderer auf [Abb. 3], während das Schiff Nr. 1, das vollständige Neumagener Schiff, an jeder Seite sechs Ruderer hat.

2
Neumagen.
,Fröhlicher Steuermann'
von Weinschiff 2.
(Massow Nr. 287b2).

3
Neumagen.
Weinschiff 2 mit ‚fröhlichem
Steuermann‘. Rückseite.
(Massow Nr. 287b1-2).

4
Neumagen.
Weinschiff 3.
(Massow Nr. 288).

Zwei weitere Steinblöcke lassen sich eventuell zu einem dritten Schiff zusammenfügen [Abb. 4]. Bordleisten, Ruderkästen und eine lockerere Reihung der Ruder haben eine andere Ausgestaltung als die beiden zuvor genannten Schiffe. Damit kann zusammenfassend festgestellt werden, dass sechs große Reliefquader von Schiffen aus Neumagen existieren, die unter Vorbehalt mindestens drei verschiedenen Weinschiffen zugerechnet werden müssen; Loeschcke (1927, 105) war von vier Weinschiffen ausgegangen (ebenso Bockius 2001, 148), Höckmann (1983, 422) von drei Grabmonumenten.

Hierzu mögen auch vier skulpierte Fragmente von Fässern gezählt werden, die im Umfeld der Weinschiffe in Neumagen geborgen wurden. Aktuelle Recherchen haben zur Wiederentdeckung von zwei dieser Bruchstücke geführt [Abb. 5]. Drei Fragmente hat Massow 1932 in seinen Katalog der Grabmäler von Neumagen aufgenommen:

5
Neumagen.
Fragmente von Fässern
römischer Weinschiffe.
(a Massow Nr. 288c).
(b RLM Trier, Inv. 11613).
M. ca. 1:10.

- Nr. 288c als eventueller Bestandteil des dritten Weinschiffes;
- Nr. 403 ohne exakte Zuweisung und heute verschollen;
- Nr. 481, 1930 ohne Fundort nachinventarisiert als weiteres Fragment eines Fasses.

Wiederentdeckt haben Sabine Faust und Thomas Zühmer ein viertes Fragment, nicht bei Massow aufgenommen, doch von Felix Hettner nach der Fundbergung in Neumagen „im Südosten der Burg" 1885 dokumentiert (Inv. 11613), mit vorsichtiger Zuweisung zum „Vorderteil des Schiffes mit fröhlichem Steuermann". Eine eigene Studie der Fragmente der skulpierten Fässer im Vergleich mit den erhaltenen Weinschiffen, insbesondere in Bezug auf die Darstellung der Fassreifen, könnte zum Nachweis weiterer Grabmäler mit Weinschiffen führen. Unter dieser Voraussetzung wird auch die These der Sondernutzung eines einzelnen Weinschiffes noch weiter infrage gestellt.

Auf ältere Vorschläge geht die heutige Aufstellung eines Schiffspaares in der sogenannten Gräberstraße des Landesmuseums zurück, bei der beiderseits einer Amphorenpyramide als Grabmalbekrönung zwei Weinschiffe als Paar positioniert sind [**Abb. 6**]. Alle Schiffe bestätigen eine solche Aufstellung als Paar, da jedes eine Ansichts- oder Außenseite und eine vom Betrachter abgewandte, zu einem Dach oder einer andersartigen Grabmalbekrönung in der Mitte hin orientierte Innenseite aufweist. So ist die Bordseite des Schiffes mit dem fröhlichen Steuermann [**Abb. 3**] weniger tief ausgearbeitet; sie war eine derartige, vom Betrachter kaum einsehbare Innenseite. Entsprechendes gilt für die Innenseite des vollständigen großen Neumagener Schiffes [**Abb. 7**].

Wenn wir bedenken, dass die uns erhalten gebliebenen Inschrift- und Reliefsteine von römischen Grabmälern nur einen Bruchteil der ehemals vor 1700 bis 1900 Jahren errichteten Grabmonumente überliefern, so muss man ausschließen, dass mit den bekannten mindestens drei Weinschiffen drei Viertel aller ehemals aufgestellten Weinschiffe auf uns überkommen seien. Nein, es muss eine sehr viel höhere Anzahl auch an Schiffsskulpturen gegeben haben! Das Neumagener Weinschiff kann demnach nicht als Einzelfall, als „ein ausgemustertes Kriegsschiff von einem Reeder oder Händler aus kommerziellen Gründen für den Transport von ‚Fässern' in Fahrt gehalten" (Bockius 2008, 45), angesprochen werden. Das Motiv der geruderten Weinschiffe ist für mehrere Grabmäler damit nachzuweisen. Es ist nicht ein einzelner Grabmalbesitzer gewesen, der als „ein wohlhabender Zeitgenosse des frühen 3. Jahrhunderts auf einer Nekropole mit dem Thema ‚Kriegsschiff mit Fässern' prunkte" (Bockius 2008, 45). Der Typus des in allen Fällen mit vorspringendem Bugsporn so charakteristischen Schiffes hat folglich nicht nur in Serie als Bekrönung auf Grabmälern Erwähnung gefunden, dieser Typus wird auch tatsächlich auf der Mosel verkehrt sein. Es entspricht dem Charakter der moselländischen Grabmäler, die außerordentlich wirklichkeitsgetreu abbilden, dass repräsentative Sujets ausgesucht wurden, die den ausschließlich zivilen Grabmalbesitzern auch zu ihrer eigenen Ehre gereichen konnten. Es gibt unter diesen Grabmonumenten seit dem 2. Jahrhundert keine, die eine militärische Karriere ihrer Besitzer dokumentieren oder illustrieren. Unter Berücksichtigung dieser Prämissen aus dem erhaltenen Denkmälerbestand darf der Blick auf das Erscheinungsbild der Neumagener Schiffe gerichtet und die Frage nach ihrer Funktion als Fracht- oder Kriegsschiffe gestellt werden.

Neumagener Schiffe – Frachtschiffe oder Kriegsschiffe?
Kriterien, die es gestatten sollten, die Neumagener Schiffe als Kriegsschiffe zu klassifizieren, hat Bockius (2001, 148 ff.; 2008) zusammengestellt:
• Rammsporn
• Bugform
• Bugdekor
• Antriebssystem und Anzahl der Riemen
• Protome (Aufsätze an Bug und Heck)
• Heckaufbau
• Schanzkleider (Panzerung vorn und hinten).

Nach diesen Kriterien, so sein Fazit, „handelt es sich doch bei dem Fahrzeug (sc. dem großen Neumagener Schiff) ohne Zweifel um die plastische Darstellung eines römischen Kriegsschiffes" (Bockius 2008, 40). In letzter Konsequenz ist daraus „für ein Grabmal mit unterstelltem zivilem Hintergrund" zu folgern, „dass ein ausgemustertes Kriegsschiff von einem Reeder oder Händler aus kommerziellen Gründen für den Transport von Fässern in Fahrt gehalten wurde" (Bockius 2008, 45).

Bugsporn und Bugform

Die Form des Bugs und der vorspringende Bugsporn sind seit jeher bei der Betrachtung des Neumagener Schiffes Auslöser für die ersten Assoziationen an ein Kriegsschiff gewesen. Bei Kriegsschiffen sitzt in Höhe der Wasserlinie auf dem vorderen Ende des vorstehenden Kiels ein Rammsporn aus Metall, aus Eisen oder Bronze. Ähnliches ist häufig bei Kriegsschiffen für einen Obersporn etwa in Höhe des oberen Abschlusses der Bordwand zu beobachten.

Auch die Neumagener Schiffe haben eine konvex-konkave Bugform. Der Bugsporn als das vordere Ende des Kiels ragt vor. Die Spitze ist nicht erhalten und es ist durchaus denkbar, dass selbst sie verziert war (Loeschcke 1927, 106). Nach dem oben angeführten Eingangszitat von Binsfeld ist „der eigenartige ‚Schiffsschnabel' am Bug wohlbekannt von Handelsschiffen". Eine Vielzahl von Darstellungen aus der Handels- oder Frachtschifffahrt wäre anzuführen, etwa verschiedene Schiffe auf den tunesischen Mosaiken, vor allem der Schiffskatalog von Althiburus oder das Frachtschiff von La Chebba [Abb. 8] (Blanchard-Lemée u. a. 1996, 123 Abb. 82) mit allen Details auch der Neumagener Schiffe, mit Bugsporn, Bugdekor, Heckaufbau, Ruderantrieb und Protomen an Bug und Heck. Doch auch die schwarz-weißen Mosaiken des Piazzale delle Corporationi, der Platz der Handelsniederlassungen in der Hafenstadt Ostia, hier neben verschiedenen anderen Frachtschiffen das Bild der Schiffer von *Narbo*/Narbonne, der *(navicularii) Narbonenses*, sind eine Betrachtung in dieser Hinsicht wert [Abb. 9]. Und schließlich im römischen Nordwesten ist für ein Schiff zu Füßen der von gallischen und germanischen Kaufleuten an dem großen Warenumschlagplatz Colijnsplaat an der südholländischen Küste verehrten Göttin Nehalennia diese Bugform nicht ungewöhnlich [Abb. 10] (Stuart/Bogaers 2001, 93 Nr. A 57 Taf. 47).

8
La Chebba.
Mosaik mit Fischerszene.
Tunis, Bardo-Nationalmuseum.

9
Ostia, Hafen.
Frachtschiff und Leucht-
oder Hebeturm.
Mosaik im Geschäftsraum
(statio) der Kaufleute
des südgallischen Narbo.

8   9

Auch bei diesen Handelsschiffen ist es der Kiel, der so weit vorragt und auf den die Steven vorne und hinten aufgesetzt sind (Göttlicher 1977, 48). Als „Rückgrat" des Schiffsrumpfes bezeichnet Höckmann (1983, 404) den Kiel, der bei den Mainzer Römerschiffen von 1981 aus 20 cm breiten Eichenbohlen, bis zu 9 cm dick, bestand. Es ist leicht verständlich, dass bei Kriegsschiffen von einem solchen Kielbaum der stärkste Stoß gegen ein feindliches Schiff ohne nachhaltigen Schaden für das eigene Schiff ausgehen konnte. Mit einem metallenen Rammsporn verstärkt, konnte der Stoß umso wirksamer werden. Fern derartiger kriegerischer Absichten lag die Konstruktion des Sporns in der zivilen Schifffahrt. Dass diese beiden Formen des gewaltfreien wie des aggressiven Gebrauchs nebeneinander existierten und dass ein unbefestigter Bugsporn auch in der zivilen Schifffahrt bekannt war, belegt eine Nachricht aus dem römischen Bürgerkrieg von 47 v. Chr.: Von *Brundisium*/Brindisi aus hatte Publius Vatinius als Anhänger Caesars vor dem Auslaufen zu einer Auseinandersetzung zur See gegen Pompeius in Ermangelung geeigneter Kriegsschiffe stattdessen Frachtschiffe für seine Armada requiriert und diese entsprechend dem kriegerischen Zweck am Bug umgerüstet *(ad proeliandum rostra imposuit)*. Im vollständigeren Zitat ist zu lesen (Bellum Alexandrinum 44,3):

> *[…] navibus actuariis, quarum numerus erat satis magnus, magnitudo nequaquam satis iusta ad proeliandum, rostra imposuit.*
>
> „Frachtschiffen, deren hohe Anzahl ihm ausreichend war, nicht aber ihre Größe, setzte er zum Seekampf geeignete Rammen auf".

Dieses in der Diskussion um den Kriegsschiffcharakter der Neumagener Schiffe bislang unbeachtete Zitat unterstreicht, dass auch Frachtschiffe einen Bugsporn haben konnten, der jedoch in der zivilen Nutzung nicht durch den zerstörerischen Metallaufsatz eines Rammspornes verstärkt war. Eine in der zitierten Stelle des *Bellum Alexandrinum* so bezeichnete *navis actuaria*, in der Schiffsarchäologie als Schiffstyp unterschiedlich definiert, ist auch im Schiffskatalog des Mosaikes von Althiburus abgebildet und dort in der Beischrift so benannt, ein Frachtsegler mit Bugsporn (Duval 1989, 836 Nr. 13. – Redaelli 2014, 123 f. Nr. 7-8). Ein Kalksteinblock mit konvex-konkavem Bug ist aus der Mosel im Bereich der Trierer Römerbrücke zutage getreten (Cüppers 1969, 125 f. Nr. 6); da nichts Weiteres über das Bauwerk, zu dessen architektonischer Dekoration der Block gehörte, bekannt ist, kann in diesem Fall nicht der militärische oder zivile Zweck des Schiffes definiert werden.

10
Colijnsplaat.
Weihung des gallischen Schiffers
Vegisonius Martinus aus dem
Sequanergebiet für die Göttin
Nehalennia.
a *Gesamtansicht.*
b *Attribute der Göttin: Hund*
und Schiff.

Leiden, Rijksmuseum
van Oudheden.

Bugdekor und Stevenaufsätze (Protome)

Häufig wird der vorspringende Bugsporn des bekannten Neumagener Weinschiffes als die Ausgestaltung eines Delphinkopfes angesprochen. Das ist denkbar, muss jedoch keinesfalls zwingend so gesehen werden, falls der an seiner Spitze beschädigte Bugsporn in einer eigenen plastischen Verzierung ausgelaufen sein sollte, wie Loeschcke (1927, 106) bei seinen Wiederherstellungsarbeiten am großen Neumagener Weinschiff überlegte. Die Bugform ist nicht ungewöhnlich und muss nicht alternativlos auf eine Delphindarstellung hinauslaufen. Bemalung, in der alle treverischen Grabmäler in der Antike gefasst waren, ist hier nicht mehr vorhanden. Alleine ein Auge an der Schauseite des Weinschiffes ist noch plastisch wiedergegeben. Die „ausgeführte Augenzier begegnet häufig am mediterranen Kriegsschiff", mag man mit Bockius (2008, 41) konstatieren. Dieses und andere symbolische Ornamente sind darüber hinaus jedoch überhaupt bei Schiffen weit verbreitet [Abb. 8-9]. Ein isoliertes Auge, wenn man es nicht als Bestandteil eines Delphinkopfes ansieht, mag als apotropäisches, das heißt Übel fernhaltendes, Symbol eines ‚magischen Auges' verstanden werden. Diese Frage hatte sich bereits Fölzer (1911, 244 ff.) bei ihrer Betrachtung der Dekorelemente gestellt. Und nicht zuletzt ist auch hier wieder zum Schiffsdekor eine Bemerkung des Ausonius heranzuziehen, die er im Zusammenhang mit dem spielerisch anmutenden Schiffsverkehr auf der Mosel macht (Mosella 220-221):

> *Non aliam speciem petulantibus addit ephebis*
> *pubertasque amnisque et picti rostra phaseli.*
>
> „Keinen anderen Ausdruck fügen den ausgelassenen Burschen hinzu
> ihre Jugend, der Fluss und die am Bug bemalten Barken".

Der Bootstyp der *phaseli* in diesem Vers 221, „bemalt am Bug" – *picti rostra phaseli*, hat seinen Namen von der ursprünglichen Bezeichnung für Bohnenschoten – *phaseli* (griech. φάσηλοι). Die Typbezeichnung bestimmter Schiffe auf der Mosel mag von Ausonius sehr bewusst gewählt worden sein, wenn der Fluss bevölkert war von Schiffen mit kennzeichnend hochgezogenen Steven an Bug und Heck, die an Bohnenschoten erinnern. Die dichterische Tradition führt für diesen Schiffstyp weit zurück, unter anderem zu einem Gedicht Catulls auf einen Phaselus (Carmen 4). Für die charakteristische Gestalt derartiger Moselschiffe stehen die erhaltenen Schiffsskulpturen aus Neumagen. Ihre farbigen Fassungen haben die Zeiten nicht überdauert. Bereits Caesar (Bellum Gallicum 3,13,2) hatte die an gallischen Schiffen hochgezogenen Bug- und Hecksteven bemerkenswert gefunden: *prorae admodum erectae atque item puppes*. Schiffsdarstellungen gallo-römischer Reliefs bestätigen diese Form; aus der in diesem Beitrag geführten Erörterung sei lediglich auf die Darstellungen getreidelter Schiffe der Igeler Säule und von Cabrières verwiesen [Abb. 11; 15].

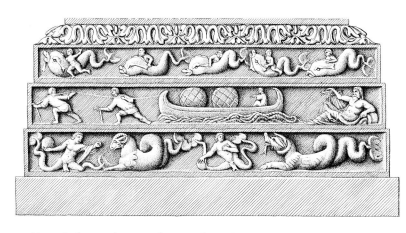

11
Igeler Säule.
Stufensockel des Grabmals mit
Treidelszene und Seetierfries.

Zum Dekor gehören ebenso die beiden Tierkopfprotome an Bug und Heck. Jahrzehnte nach der Entdeckung der Neumagener Weinschiffe haben sie ihren Platz zurück auf das große Neumagener Weinschiff gefunden (Fölzer 1911. – Loeschcke 1927). Auch sie sind nicht ausschließlich militärisch zu sehen. Es sind wohl entgegen Bockius (2008, 43) nicht allein „kriegsschifftypische Aspekte, die martialisch wirkenden Tierköpfe auf den erhöhten Schiffsenden". Figurale Ausgestaltung von Bug- und zuweilen auch Hecksteven kommen allenthalben vor, mögen Freude an der Zier oder (aber-)gläubige Vorstellungen zur Abwehr von Übeln ausdrücken. An Seetierfriese, diese auf den Neumagener Denkmälern und überhaupt auf den moselländischen Grabmälern beliebten klassischen Motive [Abb. 11], haben bereits Fölzer (1911, 239) und Loeschcke (1927, 105) erinnert. Und dem konnte auch Höckmann, obwohl er die Kriegsschiffdefinition bevorzugte, nur zustimmen: Nach ihm kommen die Protome gallischem Stilempfinden entgegen und „vielleicht entspricht auch die Verzierung der hohen Steven mit Tierköpfen mehr dem Geschmack der einheimischen Provinzialbevölkerung als mediterranem Formengut" (Höckmann 1983, 423). Eine schöne neue Parallele zu den Schiffen mit Protomen, beladen mit Weinfässern, hat nun noch ein Luxemburger Fund zutage gefördert (Dövener 2008, 62; 64 Abb. 14), den Kopf einer Bronzenadel aus Altrier [Abb. 12]. Das Weinschiff auf einem Blätterkelch hat eine Bugprotome mit dem Kopf eines Vogels. Das Heck ist entsprechend dem dekorativen Gesamtkonzept des Bildes bekrönt mit einem Vogelschwanz. Auch diese Kombination mit Heckprotome in Schwanzform, passend zur Tierart der Vorderprotome, ist nicht ungewöhnlich. Beladen ist das Schiff der Luxemburger Bronzenadel mit zwei Fässern, deren Fassreifen durch Einkerbungen deutlich markiert sind. Dem Träger oder Nutzer der Nadel wird jede martialische Intention für sein Schiff ferngelegen haben.

12
Altrier.
Aufsatz einer Bronzenadel mit
Darstellung eines Weinschiffs.
Kopf und Schwanz eines Vogels
als Bug- und Heckprotome.

Bertrange, Centre National
de Recherche Archéologique.

Der Ruderantrieb

Das Neumagener Weinschiff ist ein Ruderschiff. Dass das Schiff im strengen Sinne nicht gerudert, sondern vielmehr mit Blick der Ruderknechte in Fahrtrichtung gepaddelt, vielleicht auch mit Stoß gerudert wurde, ist schon früh erkannt worden. Binsfeld (1976) hat diesen Sachverhalt mit Beobachtungen am dritten Neumagener Schiff [Abb. 4] (Massow 1932 Nr. 288a) und Darstellungen auf trierischer Keramik untermauert.

Bei dem großen Neumagener Weinschiff sind an jeder Seite sechs Ruderer, bei anderen Neumagener Schiffen zuweilen wohl nur fünf, die platzsparend neben den Fässern ihr Paddel in das Wasser tauchen, es mit der Druckhand an der Seite zur Schiffsmitte hin oben am Knauf, mit der äußeren Zughand weiter unten am Schaft fassen. Ein beschädigter Steinblock eines Schiffes aus Neumagen eröffnet den Blick auf diese Griffhaltung (Massow 1932 Nr. 288a. – Binsfeld 1976, 1 Taf. 1,1), ebenso mehrere Keramikreliefs. Zitiert sei hier nur ein reliefiertes Schüsselfragment mit rotem Glanztonüberzug aus dem Bereich der Trierer Kaiserthermen (Binsfeld 1976, 3 Taf. 2,2. – Weidner 2009, 109 f.; 288 f. Nr. 98): Vor einem Steuermann im Heck, vielleicht vor einem Schutzdach sitzend, stechen sieben Personen ihre Paddel in der beschriebenen Weise über der Bordwand ins Wasser [Abb. 13]. Undeutlicher sitzt links ein Vorschiffmann – *proreta*, eine weitere Person steht inmitten des Schiffes.

Realistische Darstellung wird in der antiken Plastik selten so konsequent verfolgt wie auf den moselländischen Grabmälern. Wenn auf den Bildern die Ruderknechte nach vorne schauen, so muss das der Realität entsprochen haben. Ebenso ist bei Quantitäten, etwa bei der Anzahl der Fässer oder der Ruderknechte, von zuverlässigen Angaben auszugehen. Deshalb ist bis heute eine Frage definitiv nicht beantwortet: die gegenüber der beschränkten Anzahl an Ruderknechten so zahlreichen Ruder, am großen Neumagener Weinschiff im Verhältnis sechs Ruderer zu 22 Riemen.

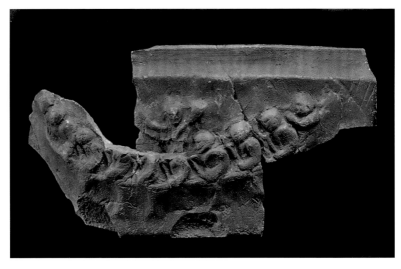

13
Trier, Kaiserthermen.
Fragment einer Sigillataschüssel
mit Darstellung des Paddel-
antriebs eines Moselschiffes.

Im Zusammenhang mit der Definition als Kriegsschiff geht Bockius von einem Schiff mit mehreren Ruderreihen aus, einem Zwei- oder Dreiruderer, einer Bi- oder Trireme (2001, 150 f. – Bockius 2008, 42). Überlegungen für die Konstruktion, auch angelehnt an Höckmann (1983, 424 f.), stehen unter schiffsbautechnischen und schiffsarchäologischen Aspekten. Doch bei der Moselfahrt der Neumagener Weinschiffe können diese aus verschiedenen Gründen (Bockius 2008, 46) nicht mehr im militärischen Einsatz sein: die Ruderer in Fahrtrichtung, alle Ruder auf gleicher Höhe unter dem Geländer als Ausleger, eine andere Form der Ruderblätter, der durch die Fässer für den Ruderbetrieb eingeschränkte Platz und die auf einer nicht kanalisierten Mosel zu enge Schifffahrtsrinne.

Doch auch damit sind die 22 Ruder des großen Neumagener Weinschiffes nicht geklärt. Eine ältere These, in Trier in der Vergangenheit immer wieder gerne vorgetragen, sei deshalb ins Spiel gebracht: Das Schiff zeige den Binnenschiffsverkehr mit sechs Ruderern beiderseits; zudem deute es einen Seetransport, etwa über die Nordsee nach Britannien in einem größeren, von 22/44 Ruderern angetriebenen Schiff an. Intensiver Britannienhandel wie Import nach Gallien und Germanien ging von den Häfen in Südholland aus (Reinard/Schäfer 2018). Am Umschlagplatz bei Colijnsplaat haben neben anderen gallischen auch treverische Kaufleute der Göttin Nehalennia ihre Weihungen dargebracht [Abb. 10] (Krier 1981, Nr. 41-43. – Krier 1985. – Heinen 1985, 147 ff.). Nicht befriedigend, doch auch nicht von der Hand zu weisen ist eine Deutung von zahlreichen Riemen als Stilmittel, wie dementsprechend auch Regula Frei-Stolba (2017, 66 Anm. 60) „die zweiundzwanzig Ruder zu sechs Ruderern als Erhöhung des künstlerischen Effekts" sieht. In vielen Darstellungen weisen Schiffe mit geringer Besatzung eine Vielzahl von Rudern auf, etwa das Fischerschiff des oben zitierten Mosaikes aus La Chebba [Abb. 8]. Es hat bei zwei Fischern als einziger Besatzung neben zwei Steuerrudern an einer Bordseite erkennbar acht Ruder. Bockius (2008, 47) erwägt für die These eines wiederverwendeten Kriegsschiffes mit den 22 Riemen auf einem der Neumagener Denkmäler ein Zitat des „ursprünglichen Betriebssystems" als Bireme – Zweiruderer.

Rudern und Treideln

Mit sechs Ruderern an einer Seite des großen Weinschiffes von Neumagen berühren wir die Frage nach der Organisation der Schifffahrt auf der Mosel. Die Besatzungsgrößen variierten in der Realität wohl ebenso wie die Anzahl der Ruderer auf den verschiedenen Darstellungen. Bilder auf Trierer Reliefkeramik deuten auf Besatzungen zwischen drei und 19 Personen hin. So sind bei dem großen Schüsselfragment [Abb. 13] neben sieben Ruderern mindestens drei weitere Männer der Besatzung zu sehen. Bei der Doppelung von Ruderern und weiterer Besatzung in Vorschiff und Heck können wir auf 19 Männer kommen. Kleine Boote in Gallien kommen zuweilen mit nur zwei Schiffern aus.

14
Neumagen.
Grabrelief mit Treidelszene.
(Massow Nr. 179b).

Für den Ferntransport auf den Flüssen Galliens waren die Schiffer in Vereinigungen organisiert. Wenigstens durch eine Inschrift aus Metz (CIL XIII 4335. – Schmidts 2011, Nr. 3) kennen wir die Moselschiffer – *nautae Mosallici*. Treverer gehörten auch zu den Korporationen der Saône- und der Rhône-Schiffer. In Lyon zu inschriftlichen Ehren gekommen ist der Saône-Schiffer C. Apronius Raptor (CIL XIII 1911; 11179. – Krier 1981, 31-35 Nr. 7-8; 186 f. – Heinen 1985, 66; 170. – Schmidts 2011 Nr. 14; 21), Ratsherr in Trier und Weinhändler – *negotiator vinarius* in Lyon mit weiteren Funktionen dort. Die Schiffervereinigungen durften nach staatlicher Prüfung der Vereinsstatuten und erfolgter Genehmigung (Ehrhardt/Günther 2013) operieren. Treverische Kaufleute haben die häufigste inschriftliche Nennung gefunden und gehören offensichtlich zu den aktivsten ihres Berufsstandes, vertreten von Britannien bis Lyon (Schlippschuh 1974).

15
Cabrières-d'Aigues.
Grabrelief mit Treidelszene.
Avignon, Musée Calvet.

Bei der Organisation der Arbeit der Schiffer sind in engem Zusammenhang mit den geruderten Schiffen die Treidelszenen zu betrachten. Das Fragment eines Reliefs aus Neumagen [Abb. 14] zeigt am straff gespannten Tau den letzten einer Reihe von Treidelknechten mit angespannter Beinmuskulatur und mit für den feuchten Ufergrund griffigen Sandalensohlen (Polaschek 1974, 220-222 Abb. 9,8). Das Relief von Cabrières-d'Aigues [Abb. 15] (Cavalier 2008) ist zum Emblem für den Treidelbetrieb geworden. Drei Taue stehen hier für drei Treidelknechte zur Verfügung. Das Schiff ist kleiner, der Schiffsführer sitzt erstaunlicherweise im Heck, statt vom Bug aus das Schiff auf Abstand vom Ufer zu halten, wie es auch das hier erwähnte Neumagener Relief anzeigt. Vergleichbar wären auch die Treidelszenen von den Sockelstufen der Igeler Säule [Abb. 11]. Neben den Bildquellen hat Binsfeld (1977, 3) die literarischen Zeugnisse zusammengestellt: Horaz, Ovid und Martial fassen in den beiden Jahrhunderten um Christi Geburt die Arbeit des Treidelns für Italien in Verse. Bei Horaz (Satiren 1,5) schleppt ein mitgeführtes Maultier (Vers 17-33), bei den anderen und auch bei allen späteren Autoren ziehen Menschen. Gemein ist allen die Erwähnung des Gesanges, in dessen Rhythmus die schwere Arbeit verrichtet wird (Schwinden 2020, 25 f.). Die Lieder können meistens als in ihrem Inhalt nicht sehr anspruchsvoll gewertet werden – Martial empfindet nur „Geschrei von den Treidlern" – *clamor helciariorum* (Epigramme 4,64,21 f.). Doch der spätrömische christliche Dichter Sidonius Apollinaris möchte im 5. Jahrhundert ein Halleluja zu Christi Ehren auf der Saône, dem Schiffsweg in Richtung Trier, vernehmen (Briefe

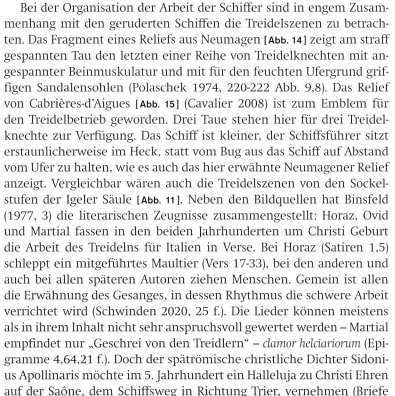

2,10,4,25). Es sind die Ruderknechte, die stromab ihr Schiff mit Paddeln noch weiter beschleunigen, doch stromaufwärts aussteigen und
vom Ufer aus das Schiff gegen die Strömung ziehen müssen. Ausonius
macht genau diese Unterscheidung (Mosella 39-42):

Tu, duplices sortite vias, et cum amne secondo
defluis, ut celeres feriunt vada concita remi,
et cum per ripas nusquam cessante remulco
intendunt collo malorum vincula nautae.

„Du gehst in doppelter Richtung, wenn abwärts du treibst mit dem Strom,
dann schlagen die schnellen Ruder die eilenden Wellen,
während flussauf die Schiffer vom Ufer mit nie erschlaffendem Schleppseil
mühsam ziehen über die Brust die am Mast befestigten Taue".

Häufig übersehen und im Zusammenhang mit dem Treidelverkehr
selten erkannt wird eine zweite Stelle bei Ausonius (Mosella 165-166):

[…] inde viator riparum subiecta terens,
hinc navita labens […].

„[…] von hier der Treidler an tieferen Ufern sich mühend,
von dort der Schiffer dahingleitend […]".

Entscheidend ist hier das richtige Verständnis von *viator*. Zwei verschiedene Gruppen von Schiffsleuten stehen einander gegenüber, die
des *viator* und jene des *navita*. Der eine, der *viator*, kommt für den Be-
obachter von dessen erhöhter Warte mit Blick auf den Fluss „von hier"
– *inde*, der andere, der *navita*, „von dort" – *hinc*. Mit dem lokaladverbia-
len Gegensatzpaar *inde* – *hinc* werden die einander entgegengesetzten
Richtungen zum Ausdruck gebracht. Während der „Schiffer" – *navita*
in die eine Richtung flussabwärts mit seinem Schiff „dahingleitet" –
labens, ist die Tätigkeit des *viator* sehr viel mühsamer. Er ist beschäftigt
terens – „mühend" oder „die Ufer des Flusses aufwühlend", das heißt in
der anderen Richtung gegen die Strömung das Schiff ziehend, mühsamen Schrittes im tiefen Ufergrund.

Wer ist also mit *viator* gemeint? Auf drei Wortebenen ist der Kontrast
in den beiden Versen 165 f. konstruiert: *inde* – *hinc*, *viator* – *navita*, *terens*
– *labens*. In dieser dreifachen Gegenüberstellung bedeutet *viator* „der
Treidler". Flussabwärts durfte er als Ruderknecht im Schiff sitzend die
Fahrt mit seinem Ruder beschleunigen (Ausonius, Mosella, Vers 39 f.),
wie es das Neumagener Weinschiff zeigt. In der entgegengesetzten
Richtung, *inde* gegenüber *hinc*, muss er der mühsamen Arbeit nach-
kommen, das Schiff vom Flussufer aus zu ziehen (Ausonius, Mosella,
Vers 41 f. – Cavalier 2008). Es ist zu einfach, *viator* rein mechanisch-
lexikalisch als „Wanderer" zu übersetzen (so Dräger 2011. – Anders
und treffend Gruber 2013. – Roberts 1989, 18 f.). *Via* ist ein Begriff, der
nicht allein auf den sicheren Boden einer „Straße" auf dem Festland
zu beziehen ist: In dem hier zuvor zitierten Vers 39 benutzt Ausonius
den Begriff *via* selbst für die beiden Fahrtrichtungen auf dem Fluss,
stromabwärts und stromaufwärts *duplices vias* – „zweierlei Wege".

Offensichtlich gab es nicht wie in späteren Epochen ein in Streckenabschnitte eingeteiltes Dienstleistungsgewerbe des Treidelns, seit dem späten Mittelalter mit Tieren betrieben (Zimmer 2014, 115-118). Ein Vorteil für den antiken Treidelverkehr bestand darin, dass das Schiff mit seiner Besatzung autark sein konnte.

Aufschlussreich mag ein Blick in die spätere Epoche der Karolingerzeit unter veränderten gesellschaftlichen und herrschaftlichen Verhältnissen sein: Das Prümer Urbar überliefert, dass im 9. Jahrhundert an bestimmten Orten ansässige Schiffer die Transportdienste auf den Flüssen Mosel und Rhein für das vermögende Eifelkloster zu leisten hatten. Es sind nicht mehr die freien und privilegierten Korporationen des 2. und 3. Jahrhunderts. Höher bewertetes Fachpersonal, *gubernatores* – Schiffsführer und *operarii* – einfache Arbeiter, betrieb den Transportdienst (Elmshäuser 2006, 259). Dieses qualifizierte Personal war unter anderem für die kostbare Fracht des Salzes aus Vic-sur-Seille in Lothringen bei Metz notwendig. Mannschaften bis zu zehn Personen werden angenommen; zum Treideldienst für eine Last von fünf Tonnen werden dabei drei Männer veranschlagt (Elmshäuser 2006, 259 Anm. 64). Schifferfamilien, die von Metz nach Schweich oder von Worms nach Cochem für den weiteren Transport auf dem Landweg nach Prüm Güter beförderten, waren mit ihren Schiffen in den Moselorten Mehring und Remich ansässig (Elmshäuser 2006, 261-264).

Die Ladung – Weinfässer

Fässer sind in den Alpenprovinzen und im nördlichen Teil des Römischen Reiches der übliche Großbehälter für Flüssigkeiten gewesen. In den letzten beiden Jahrzehnten sind in der Erforschung von über 250 Fassfunden und der Analyse von mehr als 70 bildlichen Darstellungen große Fortschritte erzielt worden (Marlière 2002, bes. 85-88; 155 f. – Tamerl 2010. – Frei-Stolba 2017). In primärer Verwendung wird dabei das Fass vor allem dem Wein zugeordnet. Sekundär können Fässer danach für vielfältige Zwecke verwendet worden sein. Erhalten geblieben sind sie insbesondere in der Wiederverwendung als Fassungen für Brunnen.

Der Inhalt der Fässer auf den Neumagener Schiffen wird deshalb wohl Wein gewesen sein. Bier als Transportgut ist entgegen Bridger (2017, 214) eher auszuschließen, da Bier ein lokales Produkt, häufig sogar ein häusliches Eigenerzeugnis war und selbst bei professioneller Herstellung unter anderem auch aufgrund des geringeren Preises und der begrenzten Haltbarkeit nie über große Entfernungen verhandelt wurde. Anders ist die Situation beim Wein, der als Handelsware den Weg über weite Strecken lohnte. Dazu kommt die Möglichkeit, dass Lesegut am Rebstock und Most im Weinberg von Weinhändlern gekauft werden konnte. Die juristischen Bedingungen dafür waren geregelt; Stempel auf Holzfässern sprechen für diese Praxis (Frei-Stolba 2017, 144) und Reliefbilder von Einfüllungen in große Fässer auf schweren Lastwagen mögen eine Bestätigung geben.

Die Größe der Fässer kann für die Neumagener Schiffe nicht nur über den der Besatzung verfügbaren Platz informieren, sondern auch über den Umfang der Ladung. Soweit die Frage überhaupt gestellt wurde, ist nicht eindeutig beantwortet, ob die Neumagener Weinschiffe vier Fässer oder in zwei Lagen neun Fässer (Barzen 1956/58) transportierten. Trotz seiner Präferenz für eine Deutung als Kriegsschiff bemerkte Höckmann (1983, 428), dass „die Neumagener Schiffe einen plumpen Rumpf mit weitgehend parallelen Seiten und stumpfem Bug aufweisen wie ein Frachtkahn". Nach den jüngeren Studien zu Größen römischer Fässer (Marlière 2002, 157-169. – Tamerl 2010, 21 f. – Frei-Stolba 2017, 37 f.) wurden Fässer von 1,60 bis 1,90 m Höhe und einem Fassungsvermögen von 800 bis 900 l liegend transportiert. Für die Weinfässer der Neumagener Schiffe hat Elise Marlière (2002, 127) aus den auf den Reliefs sichtbaren Größenrelationen Bodendurchmesser von 60-70 cm errechnet. Mit dem für die Ruderknechte an den Seiten erforderlichen Platz könnten die Schiffe eine Breite von 3,50 m gehabt haben. Beladen waren die Schiffe demnach mit gut 3 000 l oder bei zwei Lagen Fässern mit über 7 000 l Wein. Selbst die höhere Last ist in Anbetracht der oben zitierten Leistungen im frühmittelalterlichen Treidelverkehr bereits mit fünf Treidelknechten im Transport flussauf denkbar. Es gibt Reliefs, die Fässer in zwei Lagen zeigen, nicht zuletzt sehr deutlich ein zeichnerisch von Alexander Wiltheim im 17. Jahrhundert überliefertes römisches Bildwerk aus Arlon [Abb. 16] (Espérandieu 1913 Nr. 4072. – Marlière 2002, 125 R3).

16
Arlon.
Grabrelief. Schiff mit Fassladung.
Überliefert von Alexander
Wiltheim.

Die Moselschifffahrt im Blick des spätrömischen Dichters Ausonius

In der ausgehenden römischen Epoche im 4. Jahrhundert gibt es keine bildliche Darstellung zur Schifffahrt auf der Mosel. Doch gerade aus der Zeit um 371 n. Chr. gibt uns Ausonius in Versen ein lebendiges, wenn auch poetisch überhöhtes Bild des Lebens auf und an dem Fluss. Ausonius hat uns dabei auch einige Realien überliefert, so die nach ihm ausgesprochen bohnenförmige Gestalt von Schiffen, die er *phaseli* nennt, oder die Arbeit der Schiffer, wobei er arbeitsteilig differenziert zwischen verschiedenen Arten von Tätigkeiten der Ruderer und Treidelknechte auf oder an den Schiffen.

In drei aufeinanderfolgenden Abschnitten betrachtet Ausonius in der *Mosella* die Arbeiten der Winzer an der Mosel (Vers 150-199) sowie der Schiffer (Vers 200-239) und der Fischer (Vers 240-282) auf der Mosel. Im jüngsten philologischen Mosella-Kommentar relativiert Joachim Gruber (2013, 165) das idyllische Bild: „Es entspricht dem heiteren Ambiente der Mosellandschaft und ihrer idealisierten Darstellung, dass die Tätigkeiten der Bewohner nicht als mühsame Arbeit wahrgenommen werden, sondern als spielerische Aktionen am und im Fluß."

In dieser Wahrnehmung erscheint Ausonius der Schiffverkehr auf der Mosel wie ein festliches Schauspiel (Mosella 200-207):

Haec quoque quam dulces celebrant spectacula pompas, […].
„Und welch schöne Festzüge führen auf diese Schauspiele,
wenn die ruderbewegten Schiffe mitten im Fluss wetteifern
und verschiedene Wenden einschlagen […].
Wenn im Heck und Vorschiff erregt sich die Meister gebärden
und die junge Schar auf des Flusses Rücken dahinzieht
den ganzen Tag, bei dem Anblick verdrängt im Spiel man
den Ernst, löscht die alten Sorgen im neuen Glück."

Es ist nach den Vergleichen des Ausonius zum Treiben auf der Mosel mit berühmten antiken Seegefechten erwogen worden, dass der Dichter an bestimmte, alljährlich wiederkehrende Schiffswettkämpfe oder -spiele denke. Diese Annahme ist keineswegs zwingend (Schwinden 2020, 20): Ähnlich wie nach Vers 200 die Schiffer ein Schauspiel mit Festzug bieten – *celebrant spectacula pompas*, so mutet auch die fleißige Arbeit des Winzers als großes Theater an. Dieses parallele Kapitel hat Ausonius zuvor schon mit genau gleichlautenden Worten eingeleitet (Mosella 152):

Inducant aliam spectacula vitea pompam […].
„Nun führen auf einen anderen Festzug die Schauspiele der Reben […]".

Die Weinberge werden dabei zwangsläufig für Ausonius zum Theater in der Natur, zur Naturbühne, ein Begriff, mit dem er auch die Beschreibung schließt, *naturale theatrum* (Mosella 154-156):

„[…] wo ein emporragender Grat in langer Biegung über dem Steilhang
und Felsen, Sonnenplätze, Bögen und Buchten
mit ihren Reben sich erheben zu einer Naturbühne."

Zu antiquarischen Beobachtungen an den archäologischen Denkmälern und hier zu den Neumagener Schiffen lassen sich aus den Worten des Ausonius weitere Bezüge herstellen, die sich einer ausschließlich philologischen Interpretation noch verschließen.

Eine Verbindung zwischen Weinbauer und Schiffer stellt Ausonius anschließend her. In einem nicht ganz ernst zu nehmenden Streit stehen die beiden Gruppen einander gegenüber (Mosella 163-168):

„Die bei der Arbeit fröhlichen Scharen und hurtige Winzer
sputen sich bald am höchsten Gipfel, bald am steilen Abhang.
Streitend mit frechen Rufen, von hier der Treidler sich mühend
am tieferen Ufer, von da der Schiffer dahingleitend,
die singen ihren Schmäh den säumigen Winzern. Im Echo erwidern
die Felsen, der schillernde Wald und die Biegung des Flusses."

Als wichtige Aussage zum Treidelverkehr konnte weiter oben die Rolle des *viator* erschlossen und dem *navita*, dem Schiffer, gegenübergestellt werden. Ausonius gibt ein schönes Stimmungsbild, wenn er beschreibt, wie die Schiffer ihre Tätigkeit mit rhythmischem Gesang begleiteten und in ihren Liedern mit Spott die Landarbeiter in Hörweite provozierten (Schwinden 2020, 23 f.).

Die Vorschiffleute und Steuermänner, auf den Neumagener Schiffen nicht direkt in die Ruderarbeit einbezogen, sieht Ausonius (Vers 204) höherrangig, als *puppibus et proris […] magistri* – „Kommandanten an Heck und Bug". Mit den *proris magistri* erklärt Ausonius die beiden Besatzungsmitglieder auf dem vollständigen Neumagener Weinschiff vor der Ruderreihe. Auf dem Denkmal sind sie heute weniger deutlich auszumachen, da ihre Köpfe verloren sind. Ihre verantwortungsvolle Aufgabe für Ladung und Kurs wird durch einen anderen Moselfund an der Römerbrücke in Trier, die Weihung zweier *proretarii* als „Vorschiffleute" (Schwinden 2009), bestätigt. Erhalten ist die bronzene Bugprotome [Abb. 17] eines dem Genius der Vorschiffleute gestifteten Weiheschiffes.

Die eigentliche Ruderarbeit wird in zwei Versen angesprochen (Mosella 225-226). Deren Aussage verschließt sich immer noch hartnäckig allen Bemühungen der Kommentatoren um ein Verständnis. Sie seien auch deshalb hier zitiert mit der Übersetzung von Walter John (1980, 65):

> *Utque agiles motus dextra laevaque frequentant*
> *et commutatis alternant pondera remis […].*

> „Und wie mit der Rechten und Linken sie hurtig die raschen Bewegungen führen
> und durch Vertauschung der Riemen die schwere Last sich abwechselnd teilen, [...]".

Sind diese Verse noch vereinbar mit einem Stechen der Paddel gleichzeitig auf beiden Schiffsseiten, wie es eigentlich notwendig ist? Die alte Technik der parallelen Arbeit auf beiden Seiten ist bestens vom Paddeln auf Drachenbooten bekannt. Ein alternierendes Ziehen back- und steuerbords im Wechsel, wie es der Text nahelegt, ist auszuschließen. Mit „veränderten/vertauschten Riemen *(commutatis remis)* die Lasten im Wechsel zu teilen *(alternant pondera)*", muss in einem anderen, arbeitsteiligen, Sinn verstanden werden. Das Verständnis dieser beiden Verse 225-226 ist jedoch bislang nicht befriedigend geklärt.

Der Reichtum des Moselandes, den Ausonius im 4. Jahrhundert trotz sich wandelnder Verhältnisse in ein einmaliges poetisches Landschaftsbild zu fassen versucht hat, war in den beiden Jahrhunderten zuvor viel stärker evident. Aus dem 2. und 3. Jahrhundert geben vor allem Mosaike und Grabmonumente Zeugnis vom außergewöhnlichen Reichtum im Stammesgebiet der Treverer um ihre Metropole Trier. Ihren Wohlstand verdankte die Region ihren wirtschaftlichen Aktivitäten. Die Provinz der *Gallia Belgica* war eine rein zivile Provinz, abgeschirmt durch die beiden militärisch geprägten germanischen Grenzprovinzen entlang des Rheines. Stolz hat man seine wirtschaftliche Potenz und seinen Wohlstand hieraus auf den Grabmonumenten präsentiert. Militärische Aspekte und Themen kriegerischer Auseinandersetzungen kommen auf diesen Grabmälern nicht mehr vor. Eine Serie von Weinschiffen als Grabmalbekrönungen ist wie andere Motivkreise – Kontorszenen oder Tuchproben – Ausdruck besonderen Erfolges auf einem speziellen Wirtschaftssektor, hier dem Weinhandel. Wenn die Neumagener Weinschiffe zivile Fahrzeuge sind, sind sie als Fahrzeugtyp höchster Ansprüche und Effektivität aufzufassen, die als sichtbares Symbol wirtschaftlicher Leistungen der Grabmalbesitzer noch zu ihren Lebzeiten stehen.

17
Trier, Römerbrücke.
Bugzier eines Votivschiffes für
den Genius der Vorschiffleute.

RLM Trier, Inv. 1962,8.

Dank sagen möchte ich meinem Freund und luxemburgischen Kollegen Dr. Jean Krier für Hinweise und Einsichten zu einzelnen Fragen, ebenso der luxemburgischen Kollegin Dr. Franziska Dövener für ihre großzügige Erlaubnis zur Besprechung des für das Verständnis der Neumagener Weinschiffe bedeutsamen bronzenen Nadelkopfes aus Altrier [**Abb. 12**]. *Den Kollegen Dr. Sabine Faust und Thomas Zühmer verdanke ich die Wiederentdeckung und den Hinweis auf die skulpierten Fassfragmente aus Neumagen* [**Abb. 5**].

Literatur

R. M. Barzen, Die Neumagener Weinschiffe. Trierer Zeitschrift 24/26, 1956/58, 231-234. – W. Binsfeld, Moselschiffe. In: Festschrift für Waldemar Haberey. (Mainz 1976) 1-3 Taf. 1-2. – W. Binsfeld, Treideln unter den Römern. Landeskundliche Vierteljahrsblätter 23, 1977, 3-6. – W. Binsfeld, Römische Ruderschiffe auf der Mosel. Mittelrheinische Postgeschichte 27, 1979, 65-67. – M. Blanchard-Lemée/M. Ennaifer/H. Slim/L. Slim, Sols de l'Afrique romaine. Mosaiques de Tunisie (Paris 1996). – R. Bockius, Antike Schiffahrt. Boote und Schiffe der Römerzeit zwischen Tiber und Rhein. In: Abgetaucht, aufgetaucht. Flussfundstücke, aus der Geschichte, mit ihrer Geschichte. Schriftenreihe des Rheinischen Landesmuseums Trier 21 (Trier 2001) 119-157. – R. Bockius, Römische Kriegsschiffe auf der Mosel? Schiffsarchäologisch-historische Betrachtungen zum ‚Neumagener Weinschiff‘. Funde und Ausgrabungen im Bezirk Trier 40, 2008, 37-49. – C. Bridger, Befand sich Deutschlands älteste kommerzielle Brauerei in Xanten? Ein Beitrag zur Bierproduktion im römischen Germanien und Nordgallien. In: Xantener Berichte 30 (Darmstadt 2017) 197-219. – O. Cavalier (Hrsg.), La scène de halage de Cabrières-d'Aigues (Avignon 2008). – H. Cüppers, Die Trierer Römerbrücken. Trierer Grabungen und Forschungen 5 (Mainz 1969). – F. Dövener, Neues zum römischen Vicus von Altrier. Empreintes 1, 2008, 59-64. – P. Dräger (Hrsg.), Decimus Magnus Ausonius, Sämtliche Werke 2. Trierer Werke. Herausgegeben, übersetzt und kommentiert (Trier 2011). – P. M. Duval, La forme des navires romains d'après la mosaïque d'Althiburus. In: P.-M. Duval, Travaux sur la Gaule (1946-1986). Publications de l'École Française de Rome 116 (Rom 1989) 819-846. – N. Ehrhardt/W. Günther, Hadrian, Milet und die Korporation der milesischen Schiffseigner. Zu einem neu gefundenen kaiserlichen Schreiben. Chiron 43, 2013, 199-220. – H. G. Eiben, Das Neumagener Weinschiff (Trier 2009). – K. Elmshäuser, Schiffe und Schiffstransport in der frühmittelalterlichen Grundherrschaft. In: Tätigkeitsfelder und Erfahrungshorizonte des ländlichen Menschen in der frühmittelalterlichen Grundherrschaft (bis ca. 1000). Festschrift für Dieter Hägermann zum 65. Geburtstag. Hrsg. von B. Kasten (Stuttgart 2006) 249-266. – É. Espérandieu, Recueil général des bas-reliefs, statues et bustes de la Gaule romaine 5. Belgique 1 (Paris 1913). – E. Fölzer, Ein Neumagener Schiff, neu ergänzt. Bonner Jahrbücher 120, 1911, 236-250 Taf. 13-14. – R. Frei-Stolba, Holzfässer. Studien zu den Holzfässern und ihren Inschriften im römischen Reich mit Neufunden und Neulesungen der Fassinschriften aus Oberwinterthur/Vitudurum. Zürcher Archäologie 34 (Zürich 2017). – A. Göttlicher, Naves onerariae.

Bau und Einsatz römischer Handelsschiffe. Antike Welt 8, 1977, H. 3, 47-54. – J. Gruber (Hrsg.), D. Magnus Ausonius, Mosella. Kritische Ausgabe, Übersetzung, Kommentar (Berlin 2013). – H. Heinen, Trier und das Trevererland in römischer Zeit. 2000 Jahre Trier 1 (Trier 1985). – O. Höckmann, „Keltisch" oder „römisch"? Bemerkungen zur Typgenese der spätrömischen Ruderschiffe von Mainz. Jahrbuch des Römisch-Germanischen Zentralmuseums Mainz 30, 1983, 403-434, Taf. 86-92. – W. John (Hrsg.), Ausonius, Mosella. Mit einer Einführung in die Zeit und die Welt des Dichters, übersetzt und erklärt (Trier 1980). – J. Krier, Die Treverer außerhalb ihrer Civitas. Mobilität und Aufstieg. Trierer Zeitschrift, Beiheft 5 (Trier 1981). – J. Krier, Zwei weitere Treverer aus dem Nehalennia-Heiligtum bei Colijnsplaat (NL). Trierer Zeitschrift 48, 1985, 115-118. – E. Künzl, Helden am Himmel. Astralmythen und Sternbilder des Altertums (Mainz 2018). – S. Loeschcke, Der zweite Tierkopf zum Neumagener Moselschiff. Trierer Zeitschrift 2, 1927, 104-120. – E. Marlière, L'outre et le tonneau dans l'occident romain. Monographies Instrumentum 22 (Montagnac 2002). – W. v. Massow, Die Grabmäler von Neumagen. Römische Grabmäler des Mosellandes und der angrenzenden Gebiete 2 (Berlin 1932). – K. Polaschek, Zeugnisse zur Bekleidungsindustrie im römischen Trier und Umgebung. Kurtrierisches Jahrbuch 14, 1974 (Funde und Ausgrabungen im Bezirk Trier), 213-223. – S. Redaelli, Il catalogo nautico del mosaico di Althiburos. Considerazioni sulle sue fonti testuali. The catalog of ships mosaic from Althiburos. Some remarks about its textual sources. Sylloge epigraphica Barcinonensis 12, 2014, 105-144. – P. Reinard/Ch. Schäfer, Ex provincia Britannia. Untersuchungen zu negotiatores und Handelswegen im Atlantik- und Nordsee-Raum sowie im gallisch-germanischen Binnenraum während der römischen Kaiserzeit. In: Emas non quod opus est, sed quod necesse est. Beiträge zur Wirtschafts-, Sozial-, Rezeptions- und Wissenschaftsgeschichte der Antike. Festschrift für H.-J. Drexhage zum 70. Geburtstag. Hrsg. von K. Ruffing/K. Droß-Krüpe. Philippika 60 (Wiesbaden 2018) 45-83. – M. Roberts, The jeweled style. Poetry and poetics in late Antiquity (Ithaka, NY 1989). – L. Schwinden, Schiffsbug (prora). In: Fundstücke. Von der Urgeschichte bis zur Neuzeit. Schriftenreihe des Rheinischen Landesmuseums Trier 36 (Trier 2009) 94 f. Nr. 42. – L. Schwinden, Was sich liebt, das neckt sich. Ausonius zu Moselwinzern und Moselschiffern. Jahrbuch Kreis Trier-Saarburg 2020, 18-27. – O. Schlippschuh, Die Händler im römischen Kaiserreich in Gallien, Germanien und den Donauprovinzen Rätien, Noricum und Pannonien (Amsterdam 1974). – T. Schmidts, Akteure und Organisation der Handelsschifffahrt in den nordwestlichen Provinzen des Römischen Reiches. Monographien, Römisch-Germanisches Zentralmuseum 97 (Mainz 2011). – P. Stuart/J. E. Bogaers, Nehalennia. Römische Steindenkmäler aus der Oosterschelde bei Colijnsplaat. Corpus signorum imperii Romani, Nederland 3 (Leiden 2001). – I. Tamerl, Das Holzfass in der römischen Antike (Innsbruck 2010). – M. Weidner, Matrizen und Patrizen aus dem römischen Trier. Untersuchungen zu einteiligen keramischen Werkstattformen. Trierer Zeitschrift, Beiheft 32 (Trier 2009); zu Schiffsdarstellungen 108-110; 264 f.; 274-277; 288 f.; 345; 347. – K.-H. Zimmer, Treidelschifffahrt. In: 2000 Jahre Schifffahrt auf der Mosel. Vom römischen Transportweg zum einenden Band Europas. Katalog zur Ausstellung im Stadtmuseum Simeonstift Trier. Hrsg. von B. Röder (Regensburg 2014) 115-125.

Abkürzung
CIL   Corpus inscriptionum Latinarum I ff. (Berlin 1863 ff.).

Abbildungsnachweis
Abb. 1-2; 4-7; 17 Th. Zühmer, RLM Trier, Digitalfotos.
Abb. 8 nach: Blanchard-Lemée u. a. 1996, 123 Abb. 82.
Abb. 9 nach: Notizie degli scavi 13, 1916, 327.
Abb. 10 Verfasser.
Abb. 11 L. Dahm, RLM Trier.
Abb. 12 T. Lucas, Musée National d'Histoire et d'Art, Luxemburg.
Abb. 15 nach: Cavalier 2008, 42 Abb. 1.
Abb. 16 A. Wiltheim, Luciliburgensia romana. Archives Nationales de Luxembourg, Section Historique Abt. 15, Ms. 380, II 72.

Karl-Uwe Mahler

Wo saß der ‚ernste Steuermann'
des Neumagener Weinschiffs tatsächlich?

1
Neumagen.
Weinschiff in der aktuellen
Dauerausstellung.
RLM Trier, Inv. 767.

2
Neumagen.
Weinschiff. Ohne Ergänzungen
außer dem aufgesetzten Kopf
des ‚Steuermanns'.

In der heutigen Präsentation des großen Weinschiffs im Rheinischen Landesmuseum Trier ist dem Körper eines Steuermannes unter dem tonnenförmigen Kajütendach im Heck ein ehemals im Halsansatz gebrochener Kopf angefügt, der den Betrachter etwas griesgrämig anblickt [Abb. 1]. Diese Positionierung findet sich bereits in der Publikation zu den Neumagener Grabdenkmälern aus dem Jahr 1932 [Abb. 2]. Ihr Autor, Wilhelm v. Massow, weist allerdings im begleitenden Katalogtext eindringlich darauf hin, dass der Kopf dort an der falschen Stelle sitzt. Die Gründe dafür sieht er zum einen darin, dass die Bruchfläche nicht anpasst; zum anderen in der Gestaltung des Kopfes mit dessen Asymmetrien und nicht fertig ausgearbeiteten Partien, die für eine ursprünglich andere Position am Weinschiff sprechen. Die erste Beobachtung kann heute aufgrund der modernen Restaurierungen des Bruchs nicht mehr geprüft werden. Leider lässt auch die Tafelabbildung der Publikation von 1932 keine sichere Aussage zu, obwohl hier noch alle späteren Restaurierungen fehlen. In der jetzigen Aufstellung sind die dort noch gut erkennbaren Brüche, die Blockfuge und fehlende Teile so stark überformt, dass sie nur mit großer Mühe zu bestimmen sind.

Massows Argumentation hinsichtlich der Ausarbeitung wird man jedoch uneingeschränkt folgen. Die Hauptansichtsseite des Kopfes ist klar im rechten Halbprofil zu sehen. Die in der heutigen Rekonstruktion dem Betrachter zugewandte linke Kopfhälfte ist deutlich grober gearbeitet als die rechte, was besonders gut an der Gestaltung der Ohrmuschel ablesbar ist. Auch lösen sich die starken Asymmetrien der Gesichtshälften fast vollständig auf, wenn der Kopf aus einem anderen Blickwinkel betrachtet wird. Um dies zu zeigen, bildet Massow ihn im Textteil seiner Publikation auch im rechten Halbprofil ab [Abb. 3]. Die Aufnahme kann allerdings nicht entstanden sein, als sich der Kopf in der Position befand, die auf der Tafelabbildung festgehalten ist und in der er sich heute noch befindet. Dort nämlich wird ein solcher Blickwinkel durch ein Fass sowie einen Ruderer im Vordergrund direkt links neben dem Kopf verstellt. Eine derartige Profilaufnahme wäre also gar nicht möglich gewesen. Man würde nun aufgrund der weiteren Argumentation Massows erwarten, dass der Kopf in jener Position aufgenommen worden ist, die er für die richtige, ursprüngliche hält. In seinem beschreibenden Text diskutiert er zunächst, ob hierfür der zweite Steuermann auf der anderen, rückwärtigen Seite des Schiffs in Betracht kommen könnte. Dieser saß direkt neben dem bisher besprochenen, der seine Hand auf ein Steuer legt. Auch diese Positionierung lehnt Massow allerdings ab. Als Argumente führt er zum einen die wiederum nicht zueinander passenden Bruchflächen und andererseits die ausgesprochen qualitätvolle Ausführung des Kopfes an, die seiner Meinung nach gegen eine Zuordnung zu einer Figur auf der Rückseite des Schiffes sprechen würde. Massow schlägt daraufhin vor, den Kopf dem im Bug des Schiffes auf der Hauptseite Sitzenden zuzuordnen, der seine rechte Hand auf das vorderste Fass legt. Dass die vorliegende Textabbildung allerdings nicht den Körper dieser Person wiedergibt, wird bei einem Vergleich des Gewandes deutlich. Die Faltengebung entspricht vielmehr genau dem zweiten Steuermann auf der rückwärtigen Seite des Schiffs, den Massow ausgeschlossen hatte [Abb. 4]. Das Foto muss also entstanden sein, als der Kopf zu Versuchszwecken auch dort aufgesetzt war. Es spiegelt damit einen schrittweise erfolgenden Prozess der Rekonstruktion wider, der sich bisher nur anhand dieser wenigen publizierten Abbildungen und des beschreibenden Textes in der Publikation von 1932 nachvollziehen lässt.

3
Neumagen.
Der ‚Steuermann' des Weinschiffs
im Halbprofil.

4
Neumagen.
Körper und Halsansatz
des zweiten Steuermanns
im Heck des Weinschiffs.

Ein vom Bundesministerium für Bildung und Forschung (BMBF) seit 2018 gefördertes Projekt zur Digitalisierung von Archivbeständen des Rheinischen Landesmuseums Trier hat die Grundlagen geschaffen, um diesem Prozess noch näher zu kommen. Das Projekt setzte die bereits bestehende Kooperation der Goethe-Universität Frankfurt, der Hochschule Mainz und des Landesmuseums Trier fort, die für ein 2016 begonnenes, von der Deutschen Forschungsgemeinschaft gefördertes Projekt zu den römischen Grabdenkmälern initiiert wurde. Ein wichtiger neuer Partner ist zudem seit 2018 das Deutsche Archäologische Institut (DAI) mit seinem Referat für Informationstechnologie. Trotz der seit vielen Jahren vom Landesmuseum betriebenen stetigen Digitalisierung von Kleinbildnegativen, Zeichnungen, Plänen, Skizzenbüchern und Inventaren ist das Archivmaterial bislang nicht vollständig erschlossen. Zwar kann aufgrund des Umfangs der Archivbestände auch mit dem laufenden Projekt nur ein Teil erfasst werden, doch handelt es sich dabei um einen Komplex, der für unterschiedliche Fragestellungen bedeutsam ist. Er besteht aus ca. 22 000 Glasplattennegativen, die mittlerweile vollständig digitalisiert wurden und derzeit in eine entsprechende Forschungsdatenbank eingepflegt werden. Die Nützlichkeit dieser Glasplattennegative für ganz verschiedene Forschungsgebiete kann an dieser Stelle nicht weiter ausgeführt, aber zumindest anhand eines Beispiels, nämlich der Diskussion zum ‚ernsten Steuermann‘, verdeutlicht werden.

Für die Nachvollziehbarkeit der Rekonstruktion ab 1922 von großem Wert ist eine Reihe während der Neuaufstellung der Sammlung aufgenommener, bisher weitgehend unbekannter Glasplattennegative.

Der Wiederaufbau war nach dem katastrophalen Einschlag einer Fliegerbombe im Jahr 1918 notwendig geworden und wurde ab dem Jahr 1922 durchgeführt. Eine wohl 1923 entstandene Aufnahme zeigt die schon weit fortgeschrittenen Arbeiten [Abb. 5].

5
Trier, Provinzialmuseum, Saal C.
Neuaufstellung der Neumagener
Denkmäler, 1923.

6
Trier, Provinzialmuseum, Saal C.
Weinschiff während der
Neuaufstellung, 1924.

Die zahlreichen Aufnahmen der Ausstellungsräume sind forschungs-geschichtlich und in museologischer Hinsicht ausgesprochen wertvoll. Auf dem Weinschiff liegen in dieser Abbildung zusammengerollte Plä-ne, der gebrochene Kopf ist auf dem Körper des Steuermanns aufge-setzt und auf den Bruchstellen der Personen im Bug liegen Fragmente von spiralförmigen Windungen, die zu den Steven gehört haben könn-ten. Ein Jahr später hat man noch nicht mit der weiteren Rekonst-ruktion begonnen. Der Kopf befindet sich in derselben Position [Abb. 6]. Eine Detailaufnahme belegt die zutreffende Massow'sche Aussage, dass die Bruchflächen von Kopf und Körper nicht exakt aufeinander-passen [Abb. 7]. Im Nacken sieht man deutlich, dass der Halsansatz des Kopfes überkragt. Die Aufnahmen aus dem Jahr 1925 bezeugen eine intensivere Beschäftigung mit der Problematik. Sie zeigen, dass man den Kopf in einem weiteren Schritt im Original und dann auch im Gips-abguss auf die möglichen alternativen Körper aufgesetzt hat [Abb. 8].

7
Neumagen.
Heck mit Kopf des ‚Steuermanns',
ohne Restaurierung des Bruches.

8
Neumagen.
Weinschiff mit vier
rekonstruierten Köpfen, 1925.

In dieser Aufnahme fehlen allerdings noch alle weiteren Ergänzungen, zum Beispiel des Steuerruders und der Fässer. Die oben erwähnte Textabbildung der rechten Halbprofilansicht wird vermutlich zu dieser Zeit entstanden sein [Abb. 3], doch wurde die ursprüngliche Vorlage für die Publikation auf einen kleineren Ausschnitt reduziert. In dem nun vorgelegten Beitrag ist als Abbildung 3 der Ausschnitt des originalen Glasplattennegativs wiedergegeben, wie er 2018 digitalisiert wurde. Durch die zusätzlichen Bildinformationen wird auch deutlich, dass der Kopf – wie oben mit Hinweis auf die Faltengebung argumentiert – zur Figur des rechten Steuermanns im Heck gehört haben muss. Erstaunlich ist allerdings, dass man auf die Halsbruchstellen der zwei Steuermänner im Heck und der zwei Personen im Bug insgesamt viermal den gleichen Kopf aufsetzte, ein Original und vermutlich drei Abgüsse desselben. Neben der oben vorgestellten Aufnahme [Abb. 8] belegt ein weiteres, hier nicht abgebildetes Glasplattennegativ (B 593) diese Situation.

Dem hier vorgestellten war jedoch bereits ein erster Versuch, die Position des Schifferkopfes mit Hilfe von Gipsabgüssen zu bestimmen, vorausgegangen. Als der von Carl Hocheder entworfene Erweiterungsbau des Museums fertiggestellt worden war, begann ab 1906 die Neukonzeptionierung der Ausstellung. Der nun entstandene Saal C wurde für die großen Aufbauten der Neumagener Grabdenkmäler genutzt. In einem Rekonstruktionsversuch des Weinschiffs um 1908 hatte man neben dem Original im Heck versuchsweise eine Kopie des Kopfes im Bug des Schiffes angebracht [Abb. 9]. In den nachfolgenden Jahren gelang es schließlich Elvira Fölzer, dem Weinschiff weitere Fragmente zuzuweisen. In einem Aufsatz von 1911 hält sie ihre Beobachtungen fest, die unter anderem im Hinblick auf die Wiederherstellung der Steven die frühere Rekonstruktion korrigieren. Neben der später in den 20er Jahren umgesetzten, heute noch anzutreffenden Rekonstruktion mit zwei Tierköpfen wurden andere Varianten mit einfacheren Abschlüssen, die volutenartig oder gerade auslaufend gebildet waren, in Gips umgesetzt und fotografiert. Nebenbei sei erwähnt, dass auf der Aufnahme um 1908 im Hintergrund zudem eine Kopie kleineren Formats der Igeler Säule und eine in Originalgröße ausgeführte Kopie ihres Dachs zu erkennen sind, ein Bildzeugnis der seit 1907 betriebenen Abformung des Originals, der die Errichtung der Kopie im Innenhof des Museums folgte.

In verschiedenen Versuchen zu unterschiedlichen Zeiten wurden die oben beschriebenen einfacheren Stevenabschlüsse auch mit einem Tierkopf kombiniert [Abb. 10-11]. Die fehlenden Teile des Weinschiffs hatte man bereits in der früheren Aufstellung ergänzt, aber wohl zwischenzeitlich wieder abgenommen. Als man ab 1923 unter der Leitung von Siegfried Loeschke den Wiederaufbau vorantrieb und schließlich 1925 die vier Köpfe aufsetzte, waren die fehlenden Bereiche, Brüche und die Blockfuge des Weinschiffs wieder deutlich sichtbar.

9
Neumagen.
Weinschiff. Rekonstruktion
um 1908.

10
Neumagen.
Weinschiff. Rekonstruktion 1909,
mit veränderten Steven.

11
Neumagen.
Weinschiff. Rekonstruktion 1925,
mit veränderten Steven, ohne
sonstige Ergänzungen.

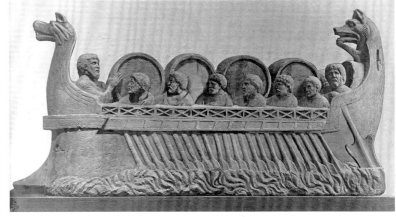

12
*Neumagen.
Weinschiff. Glasplattennegativ
mit Retuschen für die
Gesamtrekonstruktion*
[**Abb. 8**].

Ein retuschierter Abzug des erwähnten Glasplattennegativs [**Abb. 8**] zeigt allerdings, dass man plante, die Fehlstellen wieder zu ergänzen [**Abb. 12**]. Das Steuerruder, Partien der Wellen, Fässer und Köpfe wurden zeichnerisch ergänzt. Warum allerdings gleich vier Köpfe angefügt wurden, erklärt sich möglicherweise durch die Einrichtung des neu konzipierten Deutschen Weinmuseums, das 1927 eröffnet wurde. In ihm fand ein Abguss des Neumagener Weinschiffs Aufstellung, der von dem rekonstruierten Original – inklusive der vier Köpfe – abgenommen worden war [**Abb. 13**]. Vermutlich hatte man, um in der Kopie ein vollständiges Weinschiff zu erhalten, das Original komplett ergänzt. In der nachfolgenden Zeit wurden die Kopfkopien wieder abgenommen, das Original auf der Position des Steuermanns jedoch beibehalten. Der bis zu diesem Zeitpunkt auf den Abbildungen noch sichtbare Spalt zwischen Kopf und Körper wurde restauratorisch überarbeitet und geschlossen. Warum man sich in der Folge nicht entschloss, den originalen Kopf im Heck abzunehmen und im Bug anzubringen, bleibt offen.

Zusammenfassend lässt sich aber heute wie zu Zeiten Massows sagen, dass der sogenannte ernste Steuermann weder ganz so ernst blickte, wie es in der heutigen Aufstellung aufgrund des falschen Blickwinkels scheinen mag, noch überhaupt ein Steuermann war, sondern vermutlich vorne im Bug des Schiffes zu verorten ist.

13
Trier, Deutsches Weinmuseum.
Römische Abteilung
mit Abgüssen von Neumagener
Grabmälern, um 1930.

Literatur
E. Fölzer, Ein Neumagener Schiff, neu ergänzt. Bonner Jahrbücher 120, 1911, 236-250.
– S. Loeschcke, Der zweite Tierkopf zum Neumagener Moselschiff. Trierer Zeitschrift 2,
1927, 105-112. – S. Loeschcke, Römische Denkmäler vom Weinbau an Mosel, Saar und
Ruwer. Trierer Zeitschrift 7, 1932, 1-60. – W. v. Massow, Römische Grabmäler des Mosel-
landes und der angrenzenden Gebiete II. Die Grabmäler von Neumagen (Berlin 1932).

Abbildungsnachweis
Abb. 1; 4 Th. Zühmer, RLM Trier, Digitalfotos.
Abb. 2 RLM Trier, Foto A 287.
Abb. 3 RLM Trier, Foto B 875.
Abb. 5 RLM Trier, Foto C 3729.
Abb. 6 RLM Trier, Foto D 1895.
Abb. 7 RLM Trier, Foto C 3872.
Abb. 8 RLM Trier, Foto B 592.
Abb. 9 RLM Trier, Foto C 533.
Abb. 10 RLM Trier, Foto B 171.
Abb. 11 RLM Trier, Foto C 3869.
Abb. 12 RLM Trier, Foto B 594.
Abb. 13 RLM Trier, Foto C 7117.

Sabine Faust # Ausgrabungen an der Feldstraße in Trier

Zur Fundstelle der Legionsziegelstempel

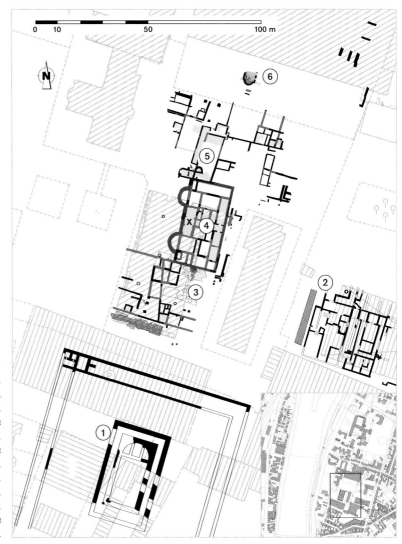

1
Trier, Feldstraße.
Übersichtsplan.
1 *Tempelbezirk am Moselufer.*
2 *Gebäude mit dem*
Goldmünzenschatz.
3 *Wohngebäude mit gewerblich*
genutztem Hofbereich.
4 *Monumentalbau mit Apsiden.*
x *Fundstelle der Münze des Gratian.*
5 *Handwerkerviertel.*
6 *Hypokaustenraum mit den*
Legionsziegelstempeln.

Von Frühjahr 2003 bis Anfang 2006 führte das Rheinische Landesmuseum Trier auf dem Gelände des Klinikums Mutterhaus der Bor-
romäerinnen im Vorfeld umfangreicher Baumaßnahmen Ausgrabungen durch [Abb. 1].

Zu den Funden aus den letzten Tagen der Grabung, im Januar 2006, gehören römische Ziegel mit Stempeln der 21. Legion, die im letzten Heft dieser Zeitschrift veröffentlicht wurden (Reuter 2018), leider mit irriger Fundstellenangabe. Die Ziegel stammen nicht aus einer der Apsiden des Gebäudes Nr. 4 [Abb. 1], sondern aus dem fast 50 m weiter nördlich gelegenen Raum mit Apsis Nr. 6. Das Gelände mit seinen außergewöhnlichen Befunden im Westen der römischen Stadt, nahe der Mosel, sei hier kurz vorgestellt: Südlich des Grabungsareals liegt der 1979 entdeckte und leider fast völlig zerstörte Tempelbezirk am Moselufer [Abb. 1.1]. Von diesem wird es durch eine west-ost-verlaufende Straße getrennt. Der Verlauf der östlich gelegenen Nord-Süd-Straße ist seit der Grabung von 1993 mit der Auffindung des großen Trierer Goldmünzenschatzes bekannt [Abb. 1.2]. Leider reichte das aktuelle Baufenster nicht bis an diese Straße heran.

Bei den Ausgrabungen konnten drei nach der Art ihrer Bebauung deutlich voneinander zu unterscheidende Bereiche freigelegt werden. Unmittelbar nördlich der Straße lag ein Gebäude mit einem großen beheizten Raum, wohl ein Wohngebäude, und gewerblich genutztem Hofgelände im Westen [Abb. 1.3].

Völlig überraschend war die Entdeckung in der nördlich anschließenden Parzelle: Hier lag ein monumentales Gebäude mit zwei Apsiden von ca. 10 m äußerem Durchmesser zu einer Freifläche im Westen hin [Abb. 1.4]. Viele der Grundmauern waren ihrer Steine beraubt worden. Im Innern der Apsiden blieb keine Nutzungshöhe erhalten. Die Ausbruchgräben von bis zu 1,70 m Breite geben einen Hinweis auf die beträchtliche Höhe des Baues. Mit einer Grundfläche von ca. 37 x 23,50 m ist er etwas größer als die Porta Nigra. Zur Funktion sind bis jetzt keine Aussagen möglich.

Einen *terminus post quem* für die Fertigstellung des Gebäudes liefert eine unter einem bauzeitlichen Estrich gefundene, fast prägefrische Münze des Gratian, geprägt zwischen 367 und 375 n. Chr. in Arles (RIC IX 15) [Abb. 2].

Beim nördlich anschließenden Areal [Abb. 1.5] handelt es sich um ein Handwerkerviertel mit mehreren Nutzungsphasen. Unter anderem wurden zwei Töpferöfen und Wasserkanäle freigelegt.

Die vorausgeschachtete Baugrube reichte nach Norden nicht bis zur Flucht der hier unmittelbar vor dem Krankenhausgebäude vermuteten West-Ost-Straße. Um deren Verlauf dennoch klären zu können, wurde eine kleine Erweiterung angelegt. Statt der erwarteten Straße wurden zwei parallele Mauern und ein hypokaustierter Raum mit Apsis nach Süden hin freigelegt [Abb. 1.6]. Sein nördliches Ende konnte nicht festgestellt werden. Über das Aussehen und die Funktion des zugehörigen Gebäudes, das sich sicher noch wesentlich weiter nach Norden hin erstreckte, sind keine Aussagen möglich, denn bei der Errichtung des Krankenhausgebäudes wurden an dieser Stelle keine Untersuchungen durchgeführt. Aus diesem Hypokaustenraum [Abb. 1.6; 3] – und nicht aus den Apsiden des Monumentalgebäudes – stammen die Legionsziegelstempel, die damit ihre Verwendung für die Heizungsanlage in der Zeit um 88 n. Chr. belegen (Reuter 2018, 48-49).

2
Trier, Feldstraße.
Münze des Gratian.
M. 1:1.

RLM Trier, Inv. 2003,16 FNr. 181.

3
Trier, Feldstraße.
Apsis mit Hypokaustierung.
Fundstelle der Ziegelstempel
der 21. Legion [**Abb. 1.6**].

Die römische West-Ost-Straße hat es zur Erbauungszeit des Gebäudes mit dem Apsidenraum nicht gegeben. Ob sie direkt nach der Anlage des Straßennetzes in der Frühzeit des römischen Trier existiert hat, ließ sich bei der Ausgrabung nicht klären. Aus sicherheitstechnischen Gründen war keine Erweiterung des kleinen Grabungsausschnittes möglich. Sollte eine vorhandene Straße wegen der Errichtung des Gebäudes mit dem beheizbaren Apsidenraum aufgegeben worden sein, so spräche dies für dessen besonderen Stellenwert. Eine Verbindung mit dem römischen Heer ist durch die Lieferung der gestempelten Ziegel für die Anlage der Heizung jedenfalls gegeben.

Für die Bestimmung der Fundmünze danke ich dem Kollegen Lars Blöck.

Literatur

S. Faust, Ausgrabung eines unbekannten römischen Großbaus am Moselufer in Trier. Archäologie in Rheinland-Pfalz 2003, 60-63. – S. Faust, Feldstraße, Klinikum Mutterhaus. In: Jahresbericht 2004-2007. Trierer Zeitschrift 73/74, 2010/2011, 301-305. – S. Faust, Ausgrabungen und Funde im römischen Quartier an der Feldstraße in Trier. In: A. Kaufmann-Heinimann/M. Martin, Die Apostelkanne und das Tafelsilber im Hortfund von 1628. Trierer Silberschätze des 5. Jahrhunderts. Trierer Zeitschrift, Beiheft 35 (Trier 2017) 9-14. – K.-J. Gilles, Der römische Goldmünzenschatz aus der Feldstraße in Trier. Trierer Zeitschrift, Beiheft 34 (Trier 2013). – M. Reuter, Das letzte Lebenszeichen der 21. Legion. Zu einem seltenen Ziegelstempeltyp aus der Feldstraße in Trier. Funde und Ausgrabungen im Bezirk Trier 50, 2018, 45-50. – W.-R. Teegen/S. Faust, Rätsel aus der Spätantike. Zwei enthauptete Männer aus dem antiken Stadtgebiet von Trier. In: Gefährliches Pflaster. Kriminalität im Römischen Reich. Hrsg. von M. Reuter/R. Schiavone. Xantener Berichte 21 (Mainz 2011) 342-356.

Abkürzung

RIC IX   J. W. E. Pearce, The Roman imperial coinage IX. Valentinian I to Theodosius I
(London 1951).

Abbildungsnachweis

Abb. 1 F. Dewald, RLM Trier.
Abb. 2 Th. Zühmer, RLM Trier, Digitalfoto.
Abb. 3 B. Kremer, RLM Trier.

Ein spätantik-frühmittelalterlicher Monogrammring aus Oberweis, Eifelkreis Bitburg-Prüm

Lars Blöck

1
Oberweis.
Monogrammring.
a *Oberseite. Platte mit eingra-*
viertem Monogramm.
b *Seitenansicht.*
c *Zusammengeschmiedete*
Unterseite der Schiene.
M. 2:1.

RLM Trier, EV 2019,213.

Am 10. Mai 2019 lieferte ein ehrenamtlicher Mitarbeiter der Landesarchäologie im Rheinischen Landemuseum Trier einen silbernen Fingerring mit eingraviertem Monogramm ein [**Abb. 1**; **3**], den er erst wenige Tage zuvor bei einer Oberflächenprospektion auf einem bereits bekannten römerzeitlichen Fundplatz bei Oberweis entdeckt hatte, der wohl die Trümmerstelle einer römerzeitlichen *villa* darstellt (Jahresbericht 1984-1986, 469).

In unmittelbarer Nähe der Fundstelle des Rings entdeckte der Finder bei einer Nachsuche im Jahr 2020 eine einfache Eisenaxt mit leicht gewölbter Oberkante, stark gewölbter Unterkante und rechtwinkligem Schaftloch [**Abb. 2**]. Die 120,1 mm lange Axt besitzt eine 56,6 mm breite Schneide, eine Nackenhöhe von 33,3 und -breite von 29,5 mm. Für die Schäftung weist die noch 359,5 g schwere Axt ein spitzovales, 31,4 x 18,0 mm großes Schaftloch auf. Derartige Äxte finden sich seit spätrömischer bis in frühmerowingische Zeit als Grabbeigabe vornehmlich bei Bestattungen männlicher Personen (Böhme 1974, 105-106, Typ B. – Böhner 1958, 165-166. – Friedrich 2016, 295, Typ Axt 3). Möglicherweise gehören der Monogrammring und die Axt zu den Beigaben einer durch landwirtschaftliche Aktivitäten mittlerweile zerstörten Bestattung, die im Bereich der (bereits aufgelassenen?) *villa* angelegt wurde.

2
Oberweis.
Eisenaxt.
a *Aufsicht.* **b** *Seitenansicht.*
M. 1:3.

RLM Trier, EV 2020,4.

Beschreibung

Der 8,08 g schwere Silberring, der einen 20,8-21,3 mm großen inneren Durchmesser aufweist, besteht aus einer bandförmigen, im Querschnitt außen leicht aufgewölbten Schiene, die unten deutlich sichtbar unsorgfältig zusammengeschmiedet wurde. Die Schiene verbreitert sich von unten zu den Schultern von 5,3 auf 8,8 mm. Dabei nimmt sie von 1,2 auf 2,0 mm an Stärke zu.

Von der Schiene hebt sich eine 8,9 mm x 10,7 mm große und 3,2 mm hohe, rechteckige Platte ab, die zusammen mit der Schiene in einem Wachsausschmelzverfahren gegossen wurde und nach dem Guss durch Unterfeilungen, insbesondere an den Ecken, von der Schiene abgesetzt ist. Auf der Platte befindet sich ein 8,8 mm x 7,1 mm großes, rechteckiges Feld mit einschwingenden Längsseiten, das durch tremolierstichartige, eingepunzte Kerbleisten gebildet wird. Zentral in dem Feld liegt ein ebenfalls eingetieftes, rückläufig zu lesendes (retrogrades) Monogramm. Dies zeigt, dass der Ring zum Siegeln vorgesehen war. Sowohl die Feldbegrenzung als auch das Monogramm wurden

3

Oberweis.
Monogrammring.
Platte mit eingraviertem
Monogramm und Abdruck.
M. 2:1.

möglicherweise bereits in das Wachsmodell gepunzt beziehungsweise graviert und nach dem Guss des Rings mit einem Stichel nachbearbeitet. Das Monogramm ist aus mehreren ligierten beziehungsweise ineinander geschriebenen Buchstaben einer Capitalis-Schrift mit stark ausgeprägten Serifen konstruiert. Der zentrale Buchstabe, der das Gerüst des Monogramms bildet, wird – wenn man den Abdruck des Monogramms betrachtet – von einem um 270° gekippten, bogenförmigen Buchstaben C gebildet. Der linke (untere) Arm des C fungiert zugleich als Längshaste eines L und eines R, in dessen Zwickel von Längshaste und Cauda ein A und möglicherweise ein auf dem Kopf stehendes V ligiert sind. Der rechte (obere) Arm stellt die Längshaste eines E dar und bildet zusammen mit der Cauda des vom linken C-Arm ausgehenden R ein weiteres V. Weiterhin kann der Arm zusammen mit seiner ausgeprägten unteren Serife und dem unteren Querbalken des E sowie dem oberen Querbalken des E und dessen Ausgangsserife als ligiertes I verstanden werden. Unter den C-Bogen ist schließlich noch ein S gestellt, das zwar leicht die Oberseite der R-Cauda berührt, ansonsten jedoch frei steht. Demnach besteht das Monogramm aus folgenden Buchstaben: C, L, R, A, V, E, V, I und S.

Bemerkenswert ist, dass der Ring keine Trage- und Benutzungsspuren aufweist: So zeigt die Ringinnenseite noch deutliche Feilspuren von der Überarbeitung nach dem Guss; in den Buchstaben des Monogramms sind ferner feine Grate erhalten, die von der mit einem Stichel durchgeführten (Nach-)Gravur stammen.

Datierung und Einordnung

Der Ring aus Oberweis lässt sich typologisch einer spätrömischen, in den Nordwestprovinzen weit verbreiteten Ringform zuweisen, die durch eine runde Schiene mit einer ungefähr gleichbreiten rechteckigen Platte mit eingraviertem Dekor charakterisiert ist und die – ausgehend von der englischsprachigen Forschung – nach einem in England gelegenen Fundort eines dieser Ringe als „Brancaster type (signet ring)" bezeichnet wird. Der Ringtyp wurde jüngst in einer Einzelstudie untersucht und typologisiert (Gerrard/Henig 2016). Der Ring aus Oberweis lässt sich aufgrund seiner erhöhten rechteckigen Platte, die gleichbreit wie die Ringschiene ist, dem Typ IA1 zuweisen.

Da laut Gerrard und Henig nur wenige Ringe des Brancaster-Typs aus stratifizierten archäologischen Befunden stammen, gestaltet sich eine enge zeitliche Einordnung des Ringtyps schwierig. Die wenigen anhand ihres archäologischen Befundkontextes datierten Ringe von britischen und kontinentalen Fundplätzen deuteten darauf, dass die Ringe im späten 4. und 5. Jahrhundert in Gebrauch waren beziehungsweise deponiert wurden (Gerrard/Henig 2016, 229-231; 239-244). Welche Relevanz die von ihnen erarbeiteten Typenvarianten der Brancaster-Ringe besitzen – ob sie möglicherweise eine chronologische Entwicklung innerhalb des Ringtyps oder unterschiedliche Werkstätten und Herstellungsprozesse widerspiegeln –, wird nicht diskutiert. Als früher, wenn nicht gar als frühester, Vertreter des Ringtyps gilt ein bereits 1847 bei Ruwer (Stadt Trier) entdeckter goldener Ring, in dessen aufgelötete Platte eine Frauenbüste und die retrograde Inschrift VIVAS MARINA eingraviert ist [**Abb. 4**]. Aufgrund der Scheitelzopffrisur, die die abgebildete Frau trägt und die ihre besten Parallelen in der Darstellung solcher Frisuren von Frauen in der konstantinischen Münzprägung besitzen soll, wird der Ring aus Ruwer in constantinische Zeit datiert (Goethert-Polaschek 1984 Nr. 33). Folgt man dieser zeitlichen Einordnung des Rings aus Ruwer, müsste man von einem deutlich früheren Einsetzen des Brancaster-Typs ausgehen als von Gerrard und Henig angenommen. Allerdings finden sich derartige Frisurendarstellungen auch noch bei Prägungen für Frauen der theodosianischen Dynastie – z. B. bei Galla Placidia, Honoria und Aelia Eudocia – im 5. Jahrhundert, wo sie zur Standardfrisur von Frauen der kaiserlichen Dynastie in der Münzprägung wird (Schade 2003, 95-96. – RIC X passim). Evident ist, dass die Büstendarstellung von Marina aus der Münzprägung für Frauen der kaiserlichen Familie übernommen wurde: Ihre Frisur wirkt durch ein breites Zopfgeflecht kappenartig konturiert, wobei das seitliche Haar durch eine dünne doppelte Punktreihe wiedergegeben ist, die von einem (als Frisurenbestandteil missverstandenen) Diadem rührt. Marina trägt dabei Ohrringe – ein Accessoire, das bei Frauenbüsten sowohl der konstantinischen als auch der theodosianischen Dynastie in der Münzprägung erscheint. Es ist also nicht abschließend zu entscheiden, ob das Vorbild für die Frauenbüste in der Münzprägung der konstantinischen oder der theodosianischen Dynastie zu suchen ist und der Ring aus dem 4. oder 5. Jahrhundert datiert.

4

*Trier-Ruwer.
Ring mit Inschrift
VIVAS MARINA.
M. 2:1.*

**RLM Trier, Inv. G 1263
(Sammlung der Gesellschaft
für Nützliche Forschungen).**

Während also der von Gerrard und Henig vorgeschlagene Datierungszeitraum der Ringe des Brancaster-Typs durch den Marina-Ring aus Ruwer nicht in constantinische Zeit nach vorne ausgedehnt werden kann, ist als sicher zu erachten, dass der Ringtyp länger, nämlich bis in das 6. Jahrhundert hinein, gefertigt wurde: Ein aus Richborough (Britannien) stammender Silberring besitzt auf seiner Platte ein graviertes, offenbar rechtläufiges Monogramm, das aufgrund seiner Buchstabenanordnung – bei dem zentralen Gerüstbuchstaben handelt es sich um ein A mit nach unten gebrochenem Querbalken, von dem die anderen Buchstaben abhängen – den sogenannten Arkadenmonogrammen zuzuordnen ist (zu den Arkadenmonogrammen: Hilberg 2000, 75-78; Garipzanov 2018, 202-203). Dieser Monogrammtyp wurde anscheinend erst im frühen 6. Jahrhundert in Gallien entwickelt. Demnach muss der Ring aus Richborough jünger sein als von Gerrard und Henig angegeben, die trotz des Monogramms eine Entstehung noch im 5. Jahrhundert postulieren (Gerrard/Henig 2016, 236; 248 Taf. 6). Im Übrigen muss auch von einer anderen Auflösung des Monogramms ausgegangen werden als vorgeschlagen, die in dem Monogramm den Namen BASIA lesen. Allein schon weil die rechte Stütze der Monogrammarkade ein nicht erkanntes, retrogrades L enthält, kann die Lesung BASIA nicht korrekt sein.

Das Monogramm des Rings aus Oberweis gehört ebenfalls zu den Arkadenmonogrammen. Mit seinem einfachen, runden oberen Abschluss, der durch das gekippte C gebildet wird, ist er einer frühen Variante, den Bogenarkadenmonogrammen, zuzuweisen (Hilberg 2000, 76-78; 99-101. – Garipzanov 2018, 202-203).

Bereits im ausgehenden 19. Jahrhundert wurde bei Ausgrabungen im Bereich eines spätantik-frühmittelalterlichen Gräberfelds in Hermes (Dép. Oise) bei einer Bestattung – angeblich einer Frau – als Beigabe ein Silberring gefunden, auf dessen rechteckiger Platte sich ein rechtläufiges Bogenarkadenmonogramm mit einem gekippten C als oberem Abschluss befindet (Deloche 1900, 195-196). Die pentagonale Schiene ist in vier durch Wülste getrennte Facetten unterteilt, auf denen die Formel VIVAS IN DEO eingraviert ist. Der Ring weist hinsichtlich seiner polygonalen Form und seines Inschriftformulars Parallelen zu einer Gruppe innerhalb der britischen Brancaster-Ringe auf, die sich durch ihre in Facetten unterteilte, oktogonale Schiene auszeichnen (Gerrard/Henig 2016, 228; 233-234). Zwei der britischen Ringe – ein in der Forschung als Senicianus-Ring bekannter Goldring aus Silchester (Corbey Finney 1994) und ein in Richborough entdeckter Ring aus Kupferlegierung – tragen wie der Ring aus Hermes auf der Schiene die eingravierte Formel VIVAS IN DEO. Beide Ringe wurden nicht in einem datierten Kontext gefunden. Bei dem dritten Ring – einem Silberring, der zu dem Silberdepot Great Horwood gehört (Waugh 1966, 63; 66) – sind sowohl die Platte als auch die Schiene unverziert, wobei es sich bei dem Ring um ein noch für eine Gravur vorgesehenes, unfertiges Stück handeln soll (Gerrard/Henig 2016, 238). Das Depot soll nach Ausweis der Typochronologie seiner Objekte zwischen ca. 350 und 425 verborgen worden sein (Hobbs 2006, 264 Nr. 1991. – Waugh 1966, 66). Schließt man den Ring aus Hermes den britischen Brancaster-Ringen mit polygonaler Schiene an, könnte man für den Ring und damit auch für sein Bogenarkadenmonogramm von einer Entstehung bereits ab dem Zeitraum vom späten 4. bis in das 5. Jahrhundert ausgehen. Allerdings unterscheidet sich der Ring aus Hermes von den britischen Stücken in der Anzahl und Ausgestaltung seiner Facetten, sodass aus typologischen Gründen nicht zwingend eine gleichzeitige Entstehung mit den britischen Ringen zu postulieren ist; da lediglich einer der britischen Ringe datiert ist, ist weiterhin unklar, ob tatsächlich alle britischen Ringe aus dem gleichen Zeitraum wie der Ring aus dem Depot von Great Horwood datieren.

Das früheste zeitlich sicher einzuordnende Bogenarkadenmonogramm mit einem gekippten C als oberem Abschluss findet sich auf dem Revers eines *nummus*, der unter Theuderich I. zwischen 511-534 – vermutlich in der Provence – geprägt wurde (MEC I 388 = Belfort 1894, 5449-5452) [Abb. 5]. Aus der Zeit zwischen 511 und 558 datiert ein kleiner, vermutlich in Marseille geprägter Silbermünztyp (Obol), der auf dem Avers ein Bogenarkadenmonogramm von Childebert I. mit einfachem rundem oberem Abschluss besitzt (Depeyrot 1998, 83 Marseille Nr. 2. – Kluge 2007 Nr. 136). Aus der Münzprägung der *civitas Massilia* (Marseille) sind weitere frühe Prägungen mit Bogenarkadenmonogramme bekannt (Depeyrot 1998, 85 Marseille Nr. 19), deren genaue Datierung innerhalb des 6. Jahrhunderts jedoch umstritten ist (Hilberg 2000, 77-78 Abb. 13; 15b-d. – Garipzanov 2018, 203).

Für den Ring aus Oberweis ist aufgrund seiner Ringform und des Monogrammtyps ein Entstehungszeitraum vom ausgehenden 5. bis zum mittleren 6. Jahrhundert anzunehmen. Die Paläographie des Rings mit seiner noch sehr stark der römischen Kapitale verhafteten Schrift deutet darauf, dass das Monogramm vor der Entwicklung der in Nordgallien ab dem mittleren 6. Jahrhundert dominierenden merowingischen Kapitalschrift entstanden ist (Bauer 1926, 12). Die Fertigung des Rings ist daher in der Zeit um 500 anzunehmen, sodass er innerhalb des Fränkischen Reichs zu den frühesten Vertretern der Monogrammringe gehört, die dort vor allem im späteren 6. und 7. Jahrhundert verbreitet waren (Hilberg 2000, 93-97).

5

Nummus von Theuderich I. (zw. 511–534). Avers und Revers in der Vorlage vertauscht.

Träger des Rings

In der spätantiken und frühmittelalterlichen *Gallia* beziehungsweise *Francia* verwendeten die Eliten die aus Edelmetall hergestellten Monogrammringe auf lokaler Ebene als Anzeiger ihres herausgehobenen sozialen Status. Zusätzlich konnten einige der Ringe – wie das Stück aus Oberweis – zum Siegeln von Briefen und Urkunden verwendet werden (Garipzanov 2018, 127-128; 147-149; 205-206. – Hilberg 2000, 89-91; 108-113).

Zeitgenössische spätantike und frühmittelalterliche Quellen zu Siegelringen berichten, dass die auf den Ringen eingravierten Namen und Monogramme nur schwer zu lesen waren: Der spätantike Senator Symmachus schrieb in einem am Ende des 4. Jahrhunderts verfassten Brief (Epistulae 2,12,1), dass sein Name auf seinem Siegelring eher zu verstehen als zu lesen sei. Im frühen 6. Jahrhundert beschreibt Alcimus Avitus, Bischof von Vienne, ebenfalls in einem Brief ein kompliziert aufgebautes Monogramm, das er sich für seinen geplanten Siegelring wünscht (Epistulae 87). Ein Monogramm wurde demnach weniger gelesen, als dass es von einem Betrachtenden als für eine Person stehendes graphisches Zeichen gekannt oder erkannt wurde (Garipzanov 2018, 127-128. – Hilberg 2000, 69). Entsprechend gestaltet sich für den heutigen Leser die Auflösung eines antiken oder frühmittelalterlichen Monogramms als schwierig oder mitunter unmöglich. Im Fall des Monogramms des Oberweiser Rings kann man sich für die Rekonstruktion des Namens zunächst an dem frühen einfachen Typ des Bogenarkadenmonogramms orientieren, der auf dem Revers des unter Theuderich I. geprägten Nummus-Typs (MEC I 388) erscheint. Aufgrund der Averslegende des Münztyps, in der der Name Theudericus in verschiedenen Schreibvarianten erscheint, ist sicher, dass das Monogramm für den Namen Theudericus steht. Sofern das Monogramm auf dem Ring aus Oberweis analog gebildet wurde, ist der als C zu lesende Abschlussbogen zusammen mit dem im rechten C-Bogen ligierten I, dem mit der Cauda des R gebildeten V und dem freistehenden S als Namensendung -ICVS zu lesen [Abb. 6]. Mit den noch freien Buchstaben L, R, A, V, E lässt sich als Auflösung für das Monogramm sinnvoll nur der germanische Personenname VALERICVS konstruieren, der (mit seinen Varianten) für das 6. und frühe 7. Jahrhundert im gallischen Raum belegt ist. So trugen zwei später heiliggesprochene Personen diesen Namen: der in Auvergne geborene Walaricus, der unter Columbanus als Mönch in das Kloster Luxeuil eintrat und später als Abt in der *Belgica II* in *Leuconaus* (Saint-Valéry-sur-Somme) ein Kloster gründete, in dem er 622 starb (Stadler u. a. 1882, 758-759) sowie der in der *Belgica II* geborene Valericus, der in die *Aquitania* zog, wo er bis zu seinem Tod um 620 in einer Einsiedelei lebte (Carles 2004, 49-50. – Stadler u. a. 1882, 645-646).

Der in der Zeit um 500 lebende Träger des Rings aus Oberweis, der im Bereich einer römerzeitlichen *villa* lebte oder zumindest dort bestattet wurde, gehörte also der lokalen Elite im ländlichen Raum des Bitburger Gutlands an. Er trug den germanischen Namen Valericus, besaß aber einen in römischer Tradition hergestellten Ring, der einerseits dem Siegeln von Briefen und Urkunden diente, zugleich aber Symbol seiner herausgehobenen gesellschaftlichen Stellung war. Sein Monogramm wiederum stellte die im fränkischen Südgallien entwickelte Adaption eines ursprünglich aus dem griechisch-italischen Raum stammenden graphischen (Macht-)Symbols dar. Der Ring und sein Träger, die römische und barbarische Elemente vereinten, sind typische Vertreter der Übergangszeit am Ende des Weströmischen Reichs und der Herausbildung der nachfolgenden barbarischen *Regna*.

6
Oberweis.
Monogramm des Rings
in aufgelöster Form.
M. 2:1.

An dieser Stelle sei Harald Gödert (Mettendorf), dem Finder des Monogrammrings und der Eisenaxt, sehr herzlich für die Überlassung der beiden Funde, die herausragende Zeugnisse für die Übergangszeit zwischen römischer und frühmittelalterlicher Zeit für den ländlichen Raum im Umfeld von Trier darstellen, gedankt. Dank gebührt auch Gabriel Heeren (GDKE, Landesarchäologie Koblenz), Dorothea Hübner, Marvin Seferi und Korana Deppmeyer für Literaturhinweise und ihre Diskussionsbereitschaft sowie Ludwig Eiden (alle RLM Trier) für die Restaurierung der Fundstücke.

Literatur

Avitus of Vienne, Letters and selected prose. Hrsg. von D. Shanzer/I. Wood (Liverpool 2002). – K. F. Bauer, Mainzer Epigraphik. Beiträge zur Geschichte der mittelalterlichen Monumentalschrift. Zeitschrift des Deutschen Vereins für Buchwesen und Schrifttum 9, 1926, H. 2/3, 1-45. – A. de Belfort, Description générale des monnaies mérovingiennes par ordre alphabéthique des ateliers IV. Monnaies indéterminées, supplément (Paris 1894). – H. W. Böhme, Germanische Grabfunde des 4. bis 5. Jahrhunderts zwischen Elbe und unterer Loire. Studien zur Chronologie und Bevölkerungsgeschichte. Münchner Beiträge zur Vor- und Frühgeschichte 19 (München 1974). – K. Böhner, Die fränkischen Altertümer des Trierer Landes. Germanische Denkmäler der Völkerwanderungszeit B 1 (Berlin 1958). – J.-A. Carles, Les titulaires et les patrons du diocèse de Périgueux-Sarlat.

Dictionnaire des paroisses du Périgord (Bayac 2004). – P. Corbey Finney, Senicianus' ring. Bonner Jahrbücher 194, 1994, 175-196. – M. M. Deloche, Étude historique et archéologique sur les anneaux sigillaires et autres des premiers siècles du Moyen Âge. Description de 315 anneaux, avec dessins de texte (Paris 1900). – G. Depeyrot, Le numéraire mérovingien, l'Âge de l'Or 4. Les ateliers méridionaux. Moneta 14 (Wetteren 1998). – M. Friedrich, Archäologische Chronologie und historische Interpretation. Die Merowingerzeit in Süddeutschland. Reallexikon der germanischen Altertumskunde. Ergänzungsbände 96 (Berlin 2016). – I. Garipzanov, Graphic signs of authority in late Antiquity and the early Middle Ages, 300-900 (Oxford 2018). – J. Gerrard/M. Henig, Brancaster type signet rings. Bonner Jahrbücher 216, 2016, 225-256. – K. Goethert-Polaschek, Fingerringe. In: Trier – Kaiserresidenz und Bischofssitz. Ausstellungskatalog, Trier 1984 (Mainz 1984) 115-116 Nr. 33b. – V. Hilberg, Monogrammverwendung und Schriftlichkeit im merowingischen Frankenreich. In: Arbeiten aus dem Marburger Hilfswissenschaftlichen Institut. Hrsg. von E. Eisenlohr/P. Worm. Elementa diplomatica 8 (Marburg 2000) 63-123. – R. Hobbs, Late Roman precious metal deposits, c. AD 200-700. Changes over time and space. BAR International Series 1504 (Oxford 2006). – Jahresbericht 1984-1986. Trierer Zeitschrift 52, 1989, 427-485. – B. Kluge, Numismatik des Mittelalters 1. Handbuch und Thesaurus Nummorum Medii Aevi. Sitzungsberichte, Österreichische Akademie der Wissenschaften, Philosophisch-Historische Klasse 769. Veröffentlichungen der Numismatischen Kommission der Österreichischen Akademie der Wissenschaften 45 (Berlin 2007). – K. Schade, Frauen in der Spätantike. Status und Repräsentation. Eine Untersuchung zur römischen und frühbyzantinischen Bildkunst (Mainz 2003). – J. E. Stadler/F. J. Heim/J. N. Ginal, Vollständiges Heiligen-Lexikon V (Augsburg 1882). – Quintus Aurelius Symacchus, Opera quae supersunt. Monumenta Germaniae historica 6,2. Hrsg. v. Otto Seeck (Berlin 1883). – H. Waugh, The hoard of Roman silver from Great Horwood, Buckinghamshire. The antiquaries journal 46, 1966, 60-71.

Abkürzungen

MEC I   Ph. Grierson/M. Blackburn, The early Middle Ages (5th-10th centuries). Medieval European coinage 1 (Cambridge 1986).

RIC X   J. P. C. Kent, The Roman imperial coinage X. The divided Empire and the fall of the western parts A. D. 395-491 (London 1994).

Abbildungsnachweis
Abb. 1-4 Th. Zühmer, RLM Trier, Digitalfotos.
Abb. 5 nach: Belfort 1894 Nr. 5451.
Abb. 6 Th. Zühmer/F.-J. Dewald, RLM Trier.

Frühchristliche Bestattungstraditionen in Spätantike und frühem Mittelalter

Aktuelle Forschungen zur Coemeterialbasilika unter St. Maximin vor Trier

Lukas Clemens
Sonngard Hartmann
Hiltrud Merten
Nicole Reifarth
Stefan Schu
Marvin Seferi
Wolf-Rüdiger Teegen

In Trier formierte sich seit dem späten 3. Jahrhundert die wichtigste Christengemeinde der römischen Nordwestprovinzen. Ihre Entwicklung ist eng mit der Entstehung und dem Ausbau der Kaiserresidenz in der Moselmetropole verbunden, in deren Windschatten sie regelrecht boomte. Neben den ausgedehnten Kirchenanlagen im Bereich von Dom und Liebfrauen ist die herausragende Bedeutung des frühen Christentums besonders an der monumentalen Begräbnishalle auf dem nördlichen Gräberfeld der Stadt ablesbar, die im Frühmittelalter als Klosterkirche der Abtei St. Maximin fungierte. Die Dimensionen und Bauphasen der zuletzt etwa 100 x 30 m großen Coemeterialbasilika konnten in langjährigen, von 1978 bis 1990 und 1994/95 durchgeführten Ausgrabungen des Rheinischen Landesmuseums Trier unter Leitung von Adolf Neyses dokumentiert und publiziert werden (Neyses 2001).

Jüngere und aktuelle Forschungen nehmen nun das reichhaltige Fundmaterial in den Blick. So wurden in einem von 2011 bis 2013 von der Deutschen Forschungsgemeinschaft (DFG) geförderten Projekt „Frühchristliche Grabinschriften der Stadt Trier als Quelle der Sozialgeschichte und Demographie am Übergang von der Spätantike zum frühen Mittelalter" rund 300 epigraphische Neufunde aus dem Bereich von St. Maximin vorgestellt, ausgewertet und mit einem internationalen Expertengremium diskutiert (Clemens/Merten/Schäfer 2015. – Merten 2018). Ein derzeit an der Universität Trier von der DFG finanziertes Vorhaben „Frühchristliche Bestattungstraditionen in Spätantike und frühem Mittelalter. Fundmaterial aus Grabkontexten der Coemeterialbasilika unter St. Maximin vor Trier" leistet die interdisziplinäre Aufarbeitung der spätantiken und frühmittelalterlichen Grabinventare. Auf der Grundlage der aus den Sarkophagbestattungen geborgenen Skelettreste, Textilien, Münzen und Schmuckgegenstände können nicht zuletzt wichtige Erkenntnisse zum Bestattungsritus, zur sozialen Verortung der Verstorbenen sowie zu den christlichen Jenseitsvorstellungen und ihren Wandlungen während des 4. bis 7. Jahrhunderts erzielt werden. Begleitende naturwissenschaftliche Analysen werden vom Fördererkreis des Rheinischen Landesmuseums Trier mitfinanziert.

Eine erste wegweisende interdisziplinäre Untersuchung an einem Maximiner Grab wurde in dieser Zeitschrift bereits publiziert (Reifarth u. a. 2006), weitere 20 Sarkophage mit erhaltenem Grabinhalt wurden in einem von der Fritz-Thyssen-Stiftung mitfinanzierten Forschungsprojekt untersucht (Reifarth 2013. – Reifarth u. a. 2020). Gemeinsam mit zusätzlichem vergesellschafteten Fundmaterial – darunter eine umfangreiche Münzreihe – ist darüber hinaus eine exaktere Datierung der einzelnen Bauphasen des frühchristlichen Grabbaus möglich.

Die aktuellen Untersuchungen sind zugleich ein wichtiges Vorhaben im Rahmen des am Rheinischen Landesmuseum und an der Universität Trier etablierten „Verbundes zur Erforschung der antiken Kaiserresidenz Trier" (VaKT). Die in diesem Kontext gewonnenen Einblicke in frühchristliche Kultpraktiken sollen in der 2022 stattfindenden Landesausstellung „Der Untergang des Römischen Reiches" im Museum am Dom präsentiert werden. Im Folgenden werden einige erste Erkenntnisse kurz vorgestellt.

Frühchristliche Grabinschriften

Eine der Quellengruppen, die uns einen unmittelbaren Einblick in das Leben und Sterben im spätantiken Trier gibt, sind die frühchristlichen Grabinschriften. Die Anzahl der in Trier gefundenen Inschriften ist mit etwa 1 300 Einzelstücken bemerkenswert hoch. Zum Vergleich: Mehr als 42 000 frühchristliche Inschriften sind aus der Stadt Rom bekannt und mehr als 3 000 aus Karthago; vom Rhein zwischen Köln und Mainz sowie von der Untermosel sind jedoch bislang nur etwa 230 Inschriften überliefert (Nikitsch 2018). Die Zahlenverhältnisse lassen die Größe und Bedeutung der Trierer Christengemeinde deutlich erkennen. Das reiche Quellenmaterial bietet für den Zeitraum vom 4. bis zum 8. Jahrhundert eine verlässliche Basis zu Untersuchungen der Sozialstruktur der Trierer Christengemeinde, der kirchlichen Organisation sowie der Entwicklung von Kirche und Gesellschaft nach dem Zusammenbruch des Römischen Reiches.

Als bioarchäologische Quelle liefern die Inschriften uns außerdem Informationen, die den menschlichen Skelettresten nicht oder nicht ohne Weiteres zu entnehmen sind (Schwinden 1986. – Teegen 2006). Dazu zählen insbesondere Angaben zu Lebensalter und Todestag der Verstorbenen sowie, in selteneren Fällen, zu ihrem Beruf. Insbesondere zum Todeszeitpunkt ergeben sich in Abhängigkeit von der geographischen Lage des Sterbeortes unterschiedliche jahreszeitliche Häufungen, die mit den Lebensgewohnheiten und spezifischen Krankheiten der Menschen in Verbindung stehen können.

1
Trier, St. Maximin.
Grabinschrift für Exsuperius.
Marmor. H. 74 cm, B. 120 cm,
T. 3 cm.

Trier, Museum am Dom,
Inv. Max FN 174.

Eine der ältesten und eindrucksvollsten Inschriften aus St. Maximin ist die Grabinschrift für Exsuperius (Merten 2016, 1199-1200. – Merten 2018 Kat. 10). Die Marmorplatte [**Abb. 1**] war nach Abschluss der archäologischen Untersuchungen in St. Maximin zunächst nicht mehr auffindbar – umso bedauerlicher, da es sich um eine der wenigen Inschriften handelt, die *in situ* gefunden wurden (Neyses 1999, 436-437). Eine Beschreibung und Lesung der Inschrift konnte nach Fotografien und unpublizierten Aufzeichnungen (Neyses, Gräberkatalog) erfolgen.

Die Wiederauffindung der Inschrift soll der Anlass sein, einen genaueren Blick auf das ungewöhnliche Fundstück zu werfen. Der Text lautet: *Hic Exsuperius / pausat in pa[ce]* – „Hier ruht Exsuperius in Frieden“.

Die Ausmaße der Marmortafel sind beeindruckend; eine Buchstabenhöhe von 10 cm weist keine andere der frühchristlichen Grabinschriften aus Trier auf (Merten 2018 Kat. 10). Die Buchstabenformen, die mit der klassischen römerzeitlichen Monumentalschrift eng verwandt sind, zeugen von der Könnerschaft des Steinmetzen. Dennoch ist ihm ein Fehler unterlaufen: Durch ungeschickte Raumaufteilung ergab sich am Ende von Z. 1 ein Platzproblem bei der Anbringung der Buchstaben V und S: Der Steinmetz korrigierte sein Versehen elegant, indem er den linken Schaft des Buchstabens V in normaler Höhe, den rechten Schaft jedoch deutlich niedriger ausführte und so genügend Platz für den letzten Buchstaben der Zeile, das S, gewinnen konnte. Die Ruheformel *hic pausat in pace* und der Bestattungsort dienen als Hinweis darauf, dass Exsuperius Christ gewesen ist.

2
*Trier, St. Maximin.
Grabinschrift für Exsuperius
in Fundlage über dem Sarkophag
von Grab 161.*

Bei ihrer Auffindung lag die Inschrift unmittelbar auf dem Sarkophag des Grabes 161 in einem aus roten Sandsteinen gemauerten Rahmen [Abb. 2]. Der Befund ließ keinen Zweifel daran, dass Inschrift und Sarkophag ursprünglich zusammengehörten. Durch massive Störungen des Grabes 161 ging die darin befindliche Bestattung verloren, deren anthropologische Untersuchung Anhaltspunkte zu der körperlichen Verfassung des Bestatteten hätte geben können (Neyses, Gräberkatalog, Grab 161 und Grab 164. – Neyses 1999, 436).

Die Inschrift nennt weder die Stifter noch das Alter des Verstorbenen: Offenbar war der Bestattete allseits bekannt, sodass Angaben zu seiner Person nicht erforderlich gewesen sind, um ihn zu identifizieren. Die Merkmale der Inschrift lassen vermuten, dass Exsuperius aus einer der wohlhabenden und gebildeten Familien Triers stammte. Das Formular, die klassisch anmutenden Buchstabenformen und die Münzfunde in der Bettung der Inschrift und in den Schichten, die Inschrift und Rahmen überdeckten, sprechen für die Datierung des Grabsteins um die Mitte beziehungsweise in die zweite Hälfte des 4. Jahrhunderts (Merten 2018 Kat. 10).

Münzfunde

Dem numismatischen Fundmaterial der archäologischen Grabungen zwischen 1978 und 1995 hatte sich zuletzt M. R.-Alföldi im Rahmen des Projekts „Die Fundmünzen der römischen Zeit in Deutschland (FMRD)" gewidmet (R.-Alföldi 2007). Ein Abgleich der Grabungsdokumentation und der entsprechenden FMRD-Publikation sowie eine Sichtung und Auszählung der besagten Münzreihe im Museum am Dom Trier ergaben jedoch, dass lediglich 61% der tatsächlich vorliegenden Fundmünzen bestimmt und publiziert worden sind. Die überlieferte antike Münzreihe wächst somit von 767 Geprägen auf 1 252 Stück an. Zu dieser Bestimmungslücke gehört beispielsweise ein geschlossenes Münzensemble von rund 175 Stücken aus einem spätantiken Grabtempel (R II.7: Neyses 2001, 28-30), der später in den frühchristlichen Coemeterialbau integriert wurde. Ferner ergab sich, dass die vorgenommene Differenzierung der Münzen in ‚Einzelfunde' und ‚Grabfunde' den Grabungsbefund nicht adäquat widerspiegelt. Ziel muss es daher sein, die bislang unbeachtet gebliebenen Münzen wissenschaftlich zu bestimmen und einen kompletten Münzkatalog mitsamt Fotografien vorzulegen, um die Grundlage für eine abschließende statistische Auswertung der Fundmünzreihe sowie ihre archäologische und historische Kontextualisierung zu ermöglichen. Dass diese Untersuchungen unter anderem neue Datierungshinweise für die beiden Hauptbauphasen der monumentalen frühchristlichen Coemeterialbasilika erbringen werden, deutete bereits eine vorläufige vergleichende Auswertung der chronologischen Prägeverteilung auf der Basis des bisher publizierten numismatischen Quellenmaterials und repräsentativer nordgallischer und stadttrierischer Münzreihen an. Demzufolge weist die antike Maximiner Münzreihe wesentliche Merkmale entsprechender Münzreihen des 4. Jahrhunderts auf. Markante Abweichungen hingegen lassen sich mit der Baugeschichte der Coemeterialbasilika erklären. So ist eine ungewöhnlich deutliche Prägespitze im Zeitraum von 388 bis 403 wahrscheinlich auf die große Osterweiterung der frühchristlichen Coemeterialbasilika zurückzuführen (Seferi 2018).

Gleichwohl erschöpft sich der Erkenntniswert der Untersuchung nicht in Datierungshinweisen. Durch die bislang weitgehend vernachlässigte archäologische Kontextualisierung der Münzen kann endlich auch der herausragende Befund von eindeutig christlichen Gräbern der imperialen Oberschicht in Kombination mit dem schon in vorchristlicher Zeit bekannten Ritus der Münzbeigabe beleuchtet werden. Exemplarisch unter den rund 1 000 Bestattungen sind hierfür das Grab 161 mit der bereits dargelegten Inschrift des Exsuperius sowie die Grabinschrift der Aurelia (Merten 2018 Kat. 4). Im Mörtelbett der beiden frühchristlichen Grabinschriften befand sich *in situ* jeweils eine spätantike Aes-Münze. Die Praxis der absichtlichen Einmörtelung von Münzen und anderen Gegenständen ist in stadtrömischen Katakomben belegt (Thüry 2016). In weiteren spätantiken Gräbern unter St. Maximin wurden Münzen innerhalb der Steinsärge, zum Beispiel im Bereich des Kopfes, platziert. Die Auswertung der münzführenden

Gräber von St. Maximin wird somit ein weiterer Hinweis für den zählebigen, vielfältigen und undogmatischen Charakter der Beigabe von Münzen sein, die sich simplifizierender Pauschalurteile wie einer allgemeinen Ansprache als ‚Charonsobol' entzieht.

Anthropologisch-paläopathologische Untersuchungen

Während der archäologischen Ausgrabungen in St. Maximin konnte nur eine begrenzte Zahl von menschlichen Skelettresten geborgen werden (Neyses 1999, 419-420 Anm. 2). Insgesamt sind der Forschung 76 Bestattungen mit 98 Individuen aus dem Coemeterialbau zugänglich, was etwa 10 % der nachgewiesenen Bestattungen entspricht. Der Erhaltungszustand der Skelette ist extrem unterschiedlich. Besonders schlecht sind in der Regel die Skelette in den Sarkophagen erhalten, während Bestattungen aus den wenigen Ziegelgräbern sowie den Erdbestattungen oftmals besser überliefert sind.

Bemerkenswert ist in einigen Fällen die Erhaltung der Haare, die wichtige Aufschlüsse zur Haartracht und damit auch dem Geschlecht der Verstorbenen erlauben. Im Rahmen aktueller Isotopenanalysen sind über Haarproben außerdem Erkenntnisse zur Ernährung und Herkunft der Verstorbenen zu erwarten.

Die Geschlechts- und Lebensaltersbestimmung erfolgte nach morphognostischen Kriterien (Ferembach u. a. 1979). Bei den Erwachsenen, die *in situ* in ihren Sarkophagen befundet wurden, konnte erhaltungsbedingt meistens nur der Grad der Zahnabrasion herangezogen werden, der lediglich ein Mindestalter ergab. Aus anderen Untersuchungen ist bekannt, dass Angehörige der Elite in der Regel eine geringere Zahnabrasion aufweisen als ihre weniger begüterten Zeitgenossen. Daher kann die Altersschätzung 10-20 Jahre zu gering ausfallen (Teegen/Schultz 2017).

Insgesamt ist ein breites Spektrum an Erkrankungen nachweisbar: Karies, Abszesse, Zahnstein, Parodontopathien, intravitaler Zahnausfall [**Abb. 3**], Vitamin-C-Mangel (Skorbut), *Cribra orbitalia* (Verdacht auf Anämie), entzündliche und hämorrhagische Erkrankungen der harten Hirnhäute und der venösen Blutleiter des Schädels, Schädelfrakturen, Erkrankungen der Nasennebenhöhlen, Mittelohrentzündungen und Entzündungen der Warzenfortsätze, degenerative Erkrankungen der kleinen und großen Körpergelenke sowie der Wirbelsäule, Rippenfellentzündungen und möglicherweise Tuberkulose, Frakturen der Rippen und der Langknochen. Dennoch kann der Gesundheitszustand der untersuchten Personen eher als gut beschrieben werden. Er unterscheidet sich deutlich von der körperlich hart arbeitenden Bevölkerung.

Wichtige Erkenntnisse zur Ernährungsrekonstruktion werden von den Analysen der stabilen Kohlenstoff-, Stickstoff- und Schwefelisotope erwartet, die gegenwärtig unter der Leitung von Dr. R. Fernandes vom Max-Planck-Institut für Menschheitsgeschichte in Jena durchgeführt werden. Ausgewählte Proben sollen auch paläogenetischen Untersuchungen unterzogen werden, so zum Nachweis des Tuberkulose-Erregers.

3

Trier, St. Maximin. Grab 72. Linker Unterkiefer einer maturen Frau mit ausgeprägten Zahnsteinauflagerungen, Entzündungen des Zahnhalteapparates und intravitalem Zahnausfall.

Museum am Dom Trier, Inv. Max FN 166.

Zeichen des Wandels: Frühchristliche Grabausstattungen

Ein außerordentlich reich ausgestattetes, fränkisches Kleinkindgrab (Grab 278), das um die Mitte des 7. Jahrhunderts östlich des Ambos, dicht an der Nordmauer der *schola cantorum* (im heutigen Mittelschiff der Kirche) angelegt wurde [Abb. 4a], verdeutlicht auf kleinstem Raum die umfassenden Wandlungsprozesse nach dem Ende der römischen Herrschaft in Trier. Das Grab 278 stand unmittelbar auf dem Sarkophag (Grab 279) einer weit älteren Bestattungslage [Abb. 4b], dessen unberührte Ausstattung detaillierte Einblicke in die Bestattungssitten und die kostbare Bekleidung der spätantiken Eliten am Trierer Kaiserhof erlaubt (Reifarth u. a. 2006. – Reifarth 2013).

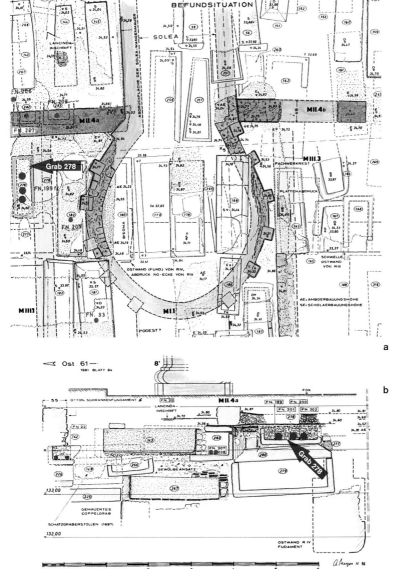

a

b

4
Trier, St. Maximin.
Grab 278.
a *Lage im Mittelschiff des früh-*
mittelalterlichen Kirchenbaues.
b *Lage über Grab 279.*
● *Fundlage der Schmuckbeigaben.*

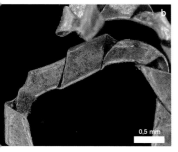

5
Trier, St. Maximin.
Goldfäden im Größenvergleich.
a *Grab 148 (spätantik).*
b *Grab 282 (fränkisch).*

Museum am Dom Trier,
Inv. Max FN 23.2; 207.1.

6
Trier, St. Maximin.
Grab 278. Sarkophag. Relief mit
Kampf zwischen Bär und Stier.
Kalkstein. H. 43 cm, B. 55 cm,
T. 140 cm.

Museum am Dom Trier,
Inv. Max FN 705.

Trotz gleicher Lage innerhalb der prachtvollen Begräbnisbasilika vor den Toren der Stadt spiegeln die beiden Gräber in besonderer Weise den markanten Umbruch der Bestattungssitten von spätantiken zu frühmittelalterlichen Christen in Trier. Insbesondere über den Kleidungsstil manifestiert sich – auch heute noch – die spezifische Identität einer Gruppe, was sich nicht nur in den überaus kostbaren Schmuck- und Trachtbestandteilen frühmittelalterlicher Gräber zeigt, sondern auch in eher unscheinbaren Details. So wurden die Angehörigen der spätantiken Eliten Triers für ihre Beisetzung alle gleichermaßen mit kostbarsten Stoffen aus Seide, Purpurwolle und Gold bekleidet sowie zusätzlich mit aromatischen Harzen präpariert (Reifarth 2013. – Reifarth u. a. 2020). Diese exotischen Fernhandelsgüter charakterisieren im gesamten Weströmischen Reich des frühen 4. Jahrhunderts n. Chr. einen Fundhorizont entsprechender Grabbeigaben (Wild 2013. – Tellenbach u. a. 2013. – Reifarth 2013). Aufgrund ihrer frappierend einheitlichen Merkmale ist mitunter selbst an kleinsten Faserspuren im Sediment vermeintlich fundleerer Gräber noch eine kulturelle Zuweisung möglich.

In den nachrömischen Gräbern aus St. Maximin ist dieser textile ‚Fingerabdruck‘ hingegen nicht mehr zu finden. Zeichnen sich nun eher lokale Produktionsstätten ab? Die Goldfäden aus fränkischen Gräbern sind beispielsweise um ein Vielfaches dicker und deutlich silberreicher als die außerordentlich fein versponnenen, mit bloßem Auge kaum sichtbaren Goldfäden aus spätantiker Zeit [**Abb. 5**]. Einzig die kostbaren Seidenstoffe scheinen interessanterweise noch einzelnen Personen zugänglich gewesen zu sein, doch steht ihre Exklusivität in starkem Kontrast zum hohen Fundaufkommen in den spätantiken Gräbern.

Das fränkische Grab 278 war bei seiner Auffindung 1981 bereits stark gestört: Der ursprünglich wohl oberhalb des Laufniveaus sichtbare Deckel des Sarkophags fehlte und war vermutlich mit der Einbringung eines jüngeren Estrichs entfernt worden (Neyses 2001, 68-70). Vielleicht ebenfalls im Zuge dieser Maßnahme wurde das Grabinnere mit Schutt verfüllt; die Seitenwände des Trogs waren eingeschlagen. Umso bemerkenswerter ist die Entdeckung einer Kinderbestattung mit überaus reichen Schmuckbeigaben am Boden des Trogs, unterhalb der eingefüllten Schuttschicht [**Abb. 4b**].

Der Sarkophag selbst wurde aus einem reliefverzierten Kalksteinquader umgearbeitet, der einst zu einem paganen Grabdenkmal gehörte. Die beiden Schmalseiten des Trogs weisen noch Fragmente des figürlichen Reliefdekors auf: An der Westseite ist ein am Boden liegender Kämpfer mit Schild und Schwert zu sehen; die gegenüberliegende Ostseite zeigt einen rückwärts gestürzten Bären, der sich mit erhobenen Tatzen gegen einen angreifenden Stier zu verteidigen sucht [**Abb. 6**]. Beide Szenen stellen dasselbe Thema, nämlich den Kampf auf Leben und Tod zwischen Tieren und zwischen Menschen, dar. Derartige Schaukämpfe waren die vom Publikum besonders bejubelten Programmpunkte im Rahmen der blutigen Darbietungen, wie sie in den Amphitheatern zu sehen waren (Merten 2018, Kat. A 298).

Ein nicht minder tragisches Ringen mit dem Tod bezeugen die Skelettreste des im Alter von nur 16-24 Monaten verstorbenen Kleinkindes, für dessen Beisetzung in fränkischer Zeit die umgearbeitete Spolie diente. Die Ergebnisse der anthropologisch-paläopathologischen Untersuchungen deuten auf mehrfache Erkrankungen des Kindes vor seinem Tode hin: So weisen die erhaltenen Langknochen bis zu neun Wachstumsstillstände auf, die überwiegend im letzten Lebensjahr des Kindes auftraten. Auch die Zähne zeigen Wachstumsstörungen in Form sogenannter Wurzelhypoplasien (Teegen 2004), die nach Ausbildung der Schmelzkronen ebenfalls innerhalb des letzten Lebensjahres entstanden sein müssen. Eine aufgelockerte Knochenstruktur im Bereich des Augenhöhlendaches *(Cribra orbitalia)* könnte durch Blutarmut (Anämie) verursacht worden sein, was im Rahmen zusätzlicher Analysen noch zu klären ist. Diese pathologischen Veränderungen an Knochen und Zähnen, sogenannte unspezifische Stressmarker, sind bei etwa zwei Dritteln der aus St. Maximin untersuchten Individuen zu beobachten und verdeutlichen, dass die Kinder der Eliten – wohl aufgrund besserer Ernährungs- und Versorgungsbedingungen – häufig nicht unmittelbar an den Folgen ihrer Krankheiten starben.

Angesichts des so früh verstorbenen Kindes erstaunen die kostbaren Schmuckbeigaben, die zudem sowohl Elemente frühmittelalterlicher Frauen- als auch Männertracht repräsentieren. Das Grab enthielt unter anderem eine silbertauschierte Riemengarnitur (Neyses, Fundregister FN 199. – Neyses 2001, 79 Abb. 38), einen silbertauschierten Gürtelbeschlag (Neyses 2001, 81 Abb. 40) sowie eine Goldblechscheibenfibel mit Edelstein- und Filigrandekor [**Abb. 7**]. Leider fehlt die direkte Verbindung zwischen Schmuck und Leichnam, da die exakte Lage des Kinderskeletts im Grab nicht überliefert ist – und möglicherweise durch die spätere Verfüllung des Grabes gestört war. Gehören Beigaben und Kind tatsächlich zusammen?

7
Trier, St. Maximin.
Grab 278. Goldscheibenfibel
mit Filigranzier, Almandin- und
Glaseinlagen und zentralem
Cabochon aus Bergkristall.
Dm. 61 mm.
A *Almandin.*
Gl 1 *Römisches Sodaglas.*
Gl 2-3 *Soda-Asche-Glas.*
Gl 4-5 *Bleigläser.*
ME *Moderne Ergänzungen.*

Museum am Dom Trier,
Inv. Max FN 200.1.

8

Trier, St. Maximin. Grab 278. Goldscheibenfibel [Abb. 7]. Textilfragment in Leinwandbindung von der Fibelrückseite.

Hier beginnt die mikroskopische Spurensuche: Verfärbungsmuster an bestimmten Skeletteilen, kleinste Auflagerungen und zugehörige Partikel sind erste Wegweiser. Eine Schlüsselstellung nehmen dabei die Reste von Textilien ein, die durch Korrosionsprozesse an Trachtbestandteilen aus Eisen und Bronze häufig in mineralisierter Form erhalten bleiben und eine Rekonstruktion ihrer Trageweise beziehungsweise Lage am Leichnam erlauben. Aus dem Kindergrab sind nur wenige millimetergroße Textilfragmente wohl von der Rückseite der Scheibenfibel erhalten [Abb. 8-10]. Dabei handelt es sich um zwei Gewebe aus Pflanzenfaser [Abb. 10]: Ein relativ feines Leinwandgewebe und ein Diamantkaroköper, bei dem durch Verschiebung der Bindepunkte ein charakteristisches Rautenmuster entsteht [Abb. 9c]. Der Diamantköper kann aufgrund seiner Verbreitung als eine Art Standardgewebe im frühmittelalterlichen Europa gelten und steht meist in Verbindung mit äußeren Kleidungsschichten wie Mantel oder Umhang (Rast-Eicher 2002. – Carré u. a. 2018). Allerdings erlauben die wenigen aus dem Kindergrab erhaltenen Textilfragmente aufgrund fehlender Gewebekanten, Nähte und Säume keine Rückschlüsse auf ihre ursprüngliche Funktion. Ebenso fehlen Hinweise, ob und wie die Fibel am Gewebe befestigt war.

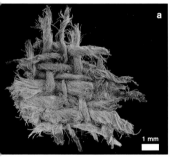 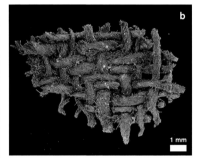 

9

Trier, St. Maximin. Grab 278. Goldscheibenfibel [Abb. 7]. Textilfragmente in Köperbindung von der Fibelrückseite.
a *Vollständig erhalten durch die Einwirkung von Kupferkorrosion.*
b *Umgewandelt in Eisenkorrosionsprodukte.*
c *Zeichnung der Diamant-Köper-Bindung.*

10

Trier, St. Maximin. Grab 278. Goldscheibenfibel [Abb. 7]. Detail der Textilfasern im Rasterelektronenmikroskop: Für beide Gewebe wurden Baststengelfasern (Flachs/Hanf) verarbeitet.

Das knapp zweijährige Kind dürfte weder die Scheibenfibel, noch den großen Gürtelbeschlag und die Riemengarnitur zu Lebzeiten je getragen haben. Im Kontext der Bestattung mögen sie als sehr persönliche Gesten des Abschieds zu deuten sein: Haben hier Mutter und Vater oder andere Angehörige eigene Schmuckstücke mit ins Grab gegeben? Starke Abnutzungsspuren und vermutlich auch Reparaturen an Gürtelplatte und Scheibenfibel weisen zumindest auf einen langen Gebrauch vor ihrer Niederlegung im Grab hin. Angesichts der stilistisch gut datierbaren Beigaben sind weitere Erkenntnisse über eine ^{14}C-Datierung der Skelettreste zu erwarten.

Bemerkenswert sind in diesem Zusammenhang auch die Einlagen der Filigranscheibenfibel, die nicht nur die Zweitverwendung unterschiedlicher Altmaterialien belegen, sondern auch Einblick in die Veränderungen frühmittelalterlicher Handelskontakte geben. Die Goldscheibenfibel wurde zerstörungsfrei mittels Mikro-Röntgenfluoreszenzanalyse am Römisch-Germanischen Zentralmuseum Mainz untersucht, wo im Rahmen des vom Bundesministerium für Bildung und Forschung geförderten Verbundprojekts „Weltweites Zellwerk" eine umfangreiche Datenbank zu Herkunft und Verarbeitungsqualität fränkisch-merowingischer Goldschmiedearbeiten mit Granat-Cloisonné-Dekor entsteht (Greiff 2015. – Hilgner u. a. 2017). Der im frühen Mittelalter so beliebte rote Schmuckstein variiert in seiner chemischen Zusammensetzung je nach dem umgebenden Gestein der Lagerstätten, sodass sich die Ursprungsgebiete voneinander abgrenzen lassen (Greiff 1998. – Gilg u. a. 2010). Für die Granateinlagen der Scheibenfibel aus St. Maximin wurden drei unterschiedliche Almandin-Typen aus Indien oder Sri Lanka verarbeitet, die im 5.-7. Jahrhundert am weitaus häufigsten nachgewiesen sind. Im Verlauf des 7. Jahrhunderts allerdings zeichnet sich im Fränkischen Reich ein markanter Wechsel in der Nutzung der Granatvorkommen ab: Der einst mosaikartige Stil flächendeckend eingesetzter Almandin-Plättchen aus Südasien verschwindet zugunsten eines schlichteren Dekors, für den nur noch einzelne Splitter der deutlich kleineren Rohsteine böhmischer Granate verarbeitet werden. Für den abrupten Rückgang der indischen Importe werden unterschiedliche Gründe diskutiert (Gilg u. a. 2010. – Greiff 2015). Die reich dekorierten Filigranscheibenfibeln stehen bereits an der Schwelle dieses Umbruchs. Für die Granate des nunmehr auf Einzelelemente reduzierten Cloisonné wurden häufig Altmaterialien umgearbeitet, wie auch an der Trierer Fibel die auffallend nachlässige Kantenbearbeitung der Almandin-Plättchen zeigt (Albrecht u. a. 2017 Abb. 3) [Abb. 11].

Die Untersuchung ergab außerdem, dass eines der sechszelligen Cloisonné-Elemente ein recyceltes römisches Soda-Glas enthält [Abb. 11]. Handelt es sich hier um eine spätere Reparatur? Oder waren bereits zum Zeitpunkt der Herstellung der Fibel nicht mehr genügend Granate verfügbar? Auch die vier grünen Einlagen der Fibel bestehen aus Glas, wobei zweimal ein Soda-Asche-Glas – vermutlich vom selben Glasstück – verwendet wurde, sowie zwei Bleigläser mit unterschiedlichem Bleigehalt, wobei der höhere Bleianteil zu stärkerer Korrosion führte [Abb. 7; 12]. Als zentraler Cabochon wurde ein Bergkristall eingesetzt.

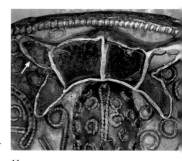

11
Trier, St. Maximin. Grab 278. Goldscheibenfibel [Abb. 7]. Sechszelliges Cloisonné-Element. Almandin-Einlagen mit nachlässig bearbeiteten Bruchkanten und ⬈ römisches Glas.

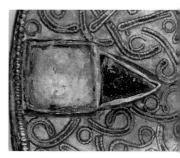

12
Trier, St. Maximin. Grab 278. Goldscheibenfibel [Abb. 7]. Bleiglas-Einlagen. Einlage Gl 5 mit höherem Bleigehalt ist deutlich stärker korrodiert als Gl 4.

Ausblick

Die Epoche vom 4. bis zum ausgehenden 7. Jahrhundert ist durch einen Umbruch in vielen Bereichen gekennzeichnet. Für die spätantike Kaiserresidenz Trier war der nach dem Ende des Römischen Reiches erfolgte weitere Zuzug fränkischer Personengruppen von Bedeutung: Germanische Familien stiegen in der Folgezeit im politischen, militärischen und kirchlichen Gefüge auf. Indikatoren dieses Wandels, aber auch Hinweise auf Kontinuitäten lassen sich in St. Maximin durch Bestattungen und deren Beigaben sowie insbesondere in den Inschriften nachweisen. Die Auswertung der archäologischen Quellen in Verbindung mit den Ergebnissen naturwissenschaftlicher Untersuchungen ergibt das facettenreiche Bild einer sich verändernden Gesellschaft. Bei der Gesellschaftsschicht, die im frühen Mittelalter in St. Maximin bestattet wurde, handelt es sich um wohlhabende und einflussreiche romanische, später auch germanische Familien, die der christlichen Gemeinde und der Stadt ihren Stempel aufgedrückt haben. Neue Datierungshinweise für die Bauabfolge der Coemeterialbasilika liefern insbesondere die Münzfunde in Kombination mit ^{14}C-Datierungen an Skelettteilen und anderen organischen Funden aus ausgewählten Gräbern.

Der Aufmerksamkeit unserer Kollegin Dr. Sabine Faust, RLM Trier, ist zu verdanken, dass die Exsuperius-Inschrift [Abb. 1] *im Mai 2019 in einem Depot des RLM Trier wiederentdeckt wurde. Da das Bistum Trier Eigentümer der Funde aus den Grabungen in St. Maximin ist, wurde die Inschrift am 27.05.2019 zum Verbleib dem Museum am Dom Trier übergeben.*

Literatur

S. Albrecht u. a., Garnet. Crisis along trade routes in the 7th century? In: Hilgner u. a. 2017, 312-313. – F. Carré/A. Rast-Eicher/B. Bell/J. Boisson, L'étude des matériaux organiques dans les tombes du Haut Moyen Âge (France, Suisse et Allemagne occidentale). Un apport majeur à la connaissance des pratiques funéraires et du vêtement. Archéologie médiévale 48, 2018, 37-99. – L. Clemens/H. Merten/Ch. Schäfer (Hrsg.), Frühchristliche Grabinschriften im Westen des Römischen Reiches. Interdisziplinärer Dialog zwischen Archäologie und Geschichte 3 (Trier 2015). – D. Ferembach/I. Schwidetzky/M. Stloukal, Empfehlungen für die Alters- und Geschlechtsdiagnose am Skelett. Homo 30, 1979, 1-32. – H. A. Gilg/N. Gast/Th. Calligaro, Granat-Cloisonné. Der erste europäische Schmuckstil. In: Karfunkelstein und Seide. Neue Schätze aus Bayerns Frühzeit. Hrsg. von L. Wamser. Ausstellungskataloge der Archäologischen Staatssammlung München 37 (Regensburg 2010) 87-100. – S. Greiff, Naturwissenschaftliche Untersuchungen zur Frage der Rohsteinquellen für frühmittelalterlichen Almandingranatschmuck rheinfränkischer Provenienz. Jahrbuch des Römisch-Germanischen Zentralmuseums Mainz 45, 1998, 599-646. – S. Greiff u. a., Der Import von orientalischem Granat und damit verbundene Umbrüche im „Verflixten Siebten Jahrhundert". In: Archäometrie und Denkmalpflege 2015. Jahrestagung an der Johannes-Gutenberg-Universität Mainz, 25.-28. März 2015. Hrsg. von T. Gluhak u. a. Metalla, Sonderheft 7 (Bochum 2015) 120-122. A. Hilgner/S. Greiff/D. Quast (Hrsg.), Gemstones in the first millennium AD. Mines, trades, workshops and symbolism. International Conference, October 20th-22nd, 2015.

RGZM-Tagungen 30 (Mainz 2017). – H. Merten, Pausat in pace. Inschriften als früheste
Zeugnisse des Christentums in Trier. In: Acta XVI Congressus Internationalis Archaeo-
giae Christianae Romae 22.-28.9.2013. Studi di antichità cristiana 66 (Rom 2016) 1197-
1205. – H. Merten, Die frühchristlichen Inschriften aus St. Maximin bei Trier. Kataloge
und Schriften des Museums am Dom Trier 8 (Trier 2018). – A. Neyses, Fundregister der
Ausgrabungen in St. Maximin 1978-1990. Rheinisches Landesmuseum Trier, Ortsakten
Trier, St. Maximin (unpubliziert). – A. Neyses, Gräberkatalog der Ausgrabungen in St.
Maximin 1978-1990. Rheinisches Landesmuseum Trier, Ortsakten Trier, St. Maximin
(unpubliziert). – A. Neyses, Lage und Gestaltung von Grabinschriften im spätantiken Coe-
meterial-Großbau von St. Maximin in Trier. Jahrbuch des Römisch-Germanischen Zentralmuseums Mainz 46, 1999, 413-446. – A. Neyses, Die Baugeschichte der ehemaligen
Reichsabtei St. Maximin bei Trier. Kataloge und Schriften des Bischöflichen Dom- und
Diözesanmuseums Trier 6 (Trier 2001). – E. J. Nikitsch, Epigraphische Kriterien zur Datierung undatierter frühchristlicher Inschriften des 5. bis 7. Jahrhunderts aus dem Neu-
wieder Becken und von der Untermosel. Kunst in Hessen und am Mittelrhein N.F. 11,
2018, 11-23. – M. R.-Alföldi, Die Fundmünzen der römischen Zeit in Deutschland IV 3,5.
Stadt und Reg.-Bez. Trier, Stadt Trier, Straßen rechts der Mosel L-Z (3111-3186) (Mainz
2007). – A. Rast-Eicher, Römische und frühmittelalterliche Gewebebindungen. In: De
l'Antiquité tardive au Haut Moyen Âge (300-800). Kontinuität und Neubeginn. Hrsg. von
R. Windler/M. Fuchs. Antiqua 35 (Basel 2002) 115-124. – N. Reifarth, Zur Ausstattung
spätantiker Elitegräber aus St. Maximin in Trier. Purpur, Seide, Gold und Harze. In-
ternationale Archäologie 124 (Rahden 2013). – N. Reifarth/W.-R. Teegen/N. Boenke/J.
Wiethold, Das spätantike Grab 279 aus St. Maximin in Trier. Textiltechnologische, anthropologische und archäobotanische Untersuchungen. Funde und Ausgrabungen im
Bezirk Trier 38, 2006, 58-70. – N. Reifarth/H. Merten/W.-R. Teegen/J. Amendt/I. Vanden
Berghe/C. Heron/J. Wiethold/U. Drewello/R. Drewello/L. Clemens, Levis aesto terra. Early Christian elite burials from St Maximin, Trier (Germany), In: Burial and memorial in
late Antiquity. Hrsg. von A. Dolea/L. Lavan. Late antique archaeology 13 (Leiden 2020; im
Druck). – L. Schwinden, Kinderleben und Kindersterblichkeit nach antiken Denkmälern
aus Trier. Funde und Ausgrabungen im Bezirk Trier 18 = Kurtrierisches Jahrbuch 26,
1986, 30*-37*. – M. Seferi, Die antike Münzreihe von St. Maximin vor Trier (Masterarbeit,
Universität Trier 2018). – W.-R. Teegen, Hypoplasia of the tooth root. A new unspecific
stress marker in human and animal paleopathology. American journal of physical an-
thropology, Supplement 38 (New York 2004) 193. – W.-R. Teegen, Zur saisonalen Sterb-
lichkeit im spätantiken und frühmittelalterlichen Trier. Funde und Ausgrabungen im
Bezirk Trier 38, 2006, 52-57. – W.-R. Teegen/M. Schultz, Starigard VII. Die menschlichen
Skelete. Offa-Bücher 86 (Neumünster 2017). – M. Tellenbach/R. Schulz/A. Wieczoreck
(Hrsg.), Die Macht der Toga. Dresscode im Römischen Weltreich. Publikation der Reiss-
Engelhorn-Museen 56 (Regensburg 2013). – G. E. Thüry, Die antike Münze als Fund-
gegenstand. Kategorien numismatischer Funde und ihre Interpretation (Oxford 2016).
J. P. Wild, Luxury? The north-west end of the silk-purple-and-gold-horizon. In: Luxury
and dress. Political power and appearance in the Roman Empire and its provinces. Hrsg.
von C. Alfaro Giner/J. O. García/M. J. M. García (Valencia 2013) 169-180.

Abbildungsnachweis
Abb. 1 S. Schu, Museum am Dom, Trier.
Abb. 2; 6 H. Thörnig, RLM Trier, Foto E 1981,251; E 1982,61/11.
Abb. 3 W.-R. Teegen, Ludwig-Maximilians-Universität, München.
Abb. 4 nach: Neyses 2001, 63 Abb. 29; 71 Abb. 33.
Abb. 5; 8-12 N. Reifarth, Universität Trier.
Abb. 7 R. Müller, Römisch-Germanisches Zentralmuseum Mainz.

Anne Kurtze *„Trierer Heidenwerfen"?*
Die Venus von St. Matthias
Zur Überlieferung seit dem Mittelalter

Die Venus von St. Matthias – kaum ein Ausstellungsstück im Rheinischen Landesmuseum Trier besitzt einen klangvolleren Namen. Nicht nur das Stück selbst – eine römische Venusfigur, die beim Kloster St. Matthias mit Steinen beworfen wurde und daher nur noch einen schwachen Widerschein ihrer einstigen Schönheit zeigt –, sondern auch seine Forschungsgeschichte verdient Beachtung. Wissenschaftler verschiedener Disziplinen haben zu unserem heutigen Kenntnisstand um die Venus beigetragen, was jedoch auch zu nicht unerheblichen Missverständnissen geführt hat. Und so ist die Geschichte der Venus von St. Matthias ein wenig nüchterner zu beschreiben als das, was vereinzelt über sie zu lesen ist.

Die „Diana" von St. Matthias

Was wissen wir nun über die Geschichte der Figur und vor allem über ihre Zerstörung? Beginnen wir im Jahre 1811, in dem die Figur in die Sammlung der Gesellschaft für Nützliche Forschungen aufgenommen wurde, die heute im Rheinischen Landesmuseum aufbewahrt und ausgestellt wird [Abb. 1]. Bis zu diesem Zeitpunkt stand die Figur bereits mindestens etwa 300 Jahre im Bereich des Benediktinerklosters St. Matthias vor den Toren der Stadt. Die erste Nachricht von ihr erhalten wir 1551 vom Humanisten und Geschichtsforscher Caspar Bruschius (1518-1559) aus seiner Geschichte der Deutschen Klöster. Dort beschreibt er eine steinerne Diana- oder Venusfigur am Friedhof des Klosters, die einer Inschrift zufolge vom Hl. Eucharius gestürzt worden sei.

Nach einer sehr kurzen Notiz der reisenden Kartographen Abraham Ortelius und Johannes Vivianus aus dem Jahre 1584 ist es dann Johann Bertels (1544-1607), Abt von Echternach, der 1606 in einer Schrift über heidnische Götter und Aberglauben etwas ausführlicher über die Figur berichtet. Unter dem Stichwort „Diana" erzählt er, beim Kloster St. Matthias stünde die Figur einer Diana aus außergewöhnlich hartem Alabaster, die früher von den Heiden als Orakel besucht worden sei. Als aber der Hl. Eucharius nach Trier gekommen sei, sei ihre letzte Weissagung gewesen, durch ihn würden die Götzenbilder alle Macht verlieren. Daraufhin sei das Orakel für immer verstummt.

Bis hierhin erfahren wir jedoch nicht, was den heute so stark angegriffenen Zustand der Figur erklären könnte. Der Trierer Jesuit Christoph Brouwer (1559-1617), dessen Werke erst posthum, von Jakob Masen (1606-1681) überarbeitet, erscheinen konnten, berichtet dann – nachdem auch er die Sehenswürdigkeit als Zeugnis der Mission des Hl. Eucharius eingeordnet hat – erstmals an zwei unterschiedlichen Stellen über Steinwürfe auf die Figur. Er beschreibt die Statue aus Marmor einmal auf einem rohen Sockel, einmal in eisernen Gittern *(intra ferreos clathros)*, spricht aber beide Male von Kindern, die die Figur im Vorübergehen mit Steinen bewerfen – und zwar so, dass nur noch ein Stumpf von der Statue übrig sei.

Die Zerstörung der Statue wurde nachfolgend auch von anderen Zeitzeugen überliefert. Der Jesuit und Altertumsforscher Alexander Wiltheim (1604-1684) beschreibt die Venus ebenfalls als von Steinwürfen angegriffen, lässt aber offen, von wem diese ausgeführt werden. In seinem hinterlassenen Bericht der Geschichte Luxembourgs schreibt Eustache Wiltheim (1600-1667) auch von der Venus: Anlass war, dass der Graf von Mansfeld das Stück für die Ausschmückung seines Schlosses in Clausen bei Luxemburg zu erwerben suchte. Dabei nimmt Wiltheim die schon bei Bertels beschriebene Orakellegende auf, fügt aber noch hinzu: „Diese Statue steht noch heute vor der St. Matheißkirche in einer Mauernische rechts am Eingange und ist aus so hartem Steine, daß, wenn sie auch immer von Kindern mit Steinen beworfen wird, dieselbe dennoch nur wenig beschädigt ist."

2

Trier, St. Matthias.
Kopie der jüngeren Beischrift,
zweite Hälfte des 16. Jhs.

RLM Trier, INv. 1914,1114N.

In den verschiedenen Quellen werden also Kinder beschrieben, die die Venus mit Steinen bewerfen. Seit wann dies bereits üblich war, geht aus den Quellen nicht hervor. Die Verletzungen der Oberfläche sind von allen Seiten festzustellen, sodass die Figur im Laufe der Zeit wohl unterschiedlich aufgestellt und so der allseitigen Zerstörung ausgesetzt wurde. Für die Zeit der schriftlichen Überlieferung, also vom 16. bis zum Beginn des 19. Jahrhunderts, sind verschiedene Standorte für sie angegeben: An der Friedhofsmauer – dies ist auch der Standort, der am häufigsten in Quellen erwähnt wird, und zwar am Eingang von der heutigen Aulstraße her –, am Eingang zur Abtei, in einer Grube und sogar hinter eisernen Gittern oder an eisernen Ketten (Brouwer/ Masen 1855, 402: *intra ferreos clathros*; Wiltheim 1842, 43: *ferrea suspensum catena*; dazu auch Zahn 1979, 308).

Zwei wichtige Quellen zu unserer Figur dürfen jedoch nicht unerwähnt bleiben: Zwei Inschriftentafeln, die ihr lange Zeit als Beischrift dienten. Die jüngere der Tafeln befindet sich heute im Kloster St. Matthias vor dem Dormitorium und war bis ca. 1890 am Eingang des Friedhofes angebracht. Eine Kopie befindet sich im Rheinischen Landesmuseum Trier [**Abb. 2**]. Hier ist zu lesen:

ME PRIDEM TREVERIS COLVIT
PROFANIS ARIS IAM TRVNCVS
SACRILEGI NVMINIS PROSTRATA
SPERNOR INANIS ET DVM PETRVS
PISCATOR LEGAT EVCHARIVM
VALERIVS MATERNVM TVNC
(HVIVS SVPERSTITIONIS) TOLLITVR ERROR
A(nn)O POST CHRISTVM NATV(m) ROMA MISSI A S(ancto) PETRO
TREVEROS VENERVNT EVCH(arius) VAL(erius) MAT(ernus) 50.

WOLT IHR WISSEN WAS ICH BIN
ICH BIN GEWESSEN EIN ABGOTTIN
DA S(ankt) EVCHARIVS ZV TRIER KAM
ER MICH ZERBRACH MEIN EHR ABNAM
ICH WAS GEEHRET ALS EIN GOTT
IETZ STEHEN ICH HIE DER WELT ZU SPOT
IM IAHR 50 NACH CHRISTI GEBVRT SEINT DIESE
3 H. BISCHOFFE VON ROM ZV TRIER KOMEN EVC(harius) VA(lerius)
MAT(ernus).

3
Trier, St. Matthias.
Fragmente der älteren Beischrift,
Ende des 15./Anfang des 16. Jhs.

RLM Trier, Inv. 2008,2-3.

  Die Tafel ist dreigeteilt, zwischen dem lateinischen und deutschen Textfeld sind die drei erwähnten heiligen Bischöfe, namentlich bezeichnet, unter Rundbögen dargestellt. Während Maternus und Valerius als Attribute Kirche und Kruzifix tragen, ist zu Füßen des Eucharius eine angekettete Frauengestalt zu erkennen – sicher die Figur der Venus. Beide Texte verbinden diese mit den drei Heiligen Eucharius, Valerius und Maternus, die als die ersten Trierer Bischöfe gelten. Seit dem 5. Jahrhundert werden die Gräber von Eucharius und Valerius im Kloster verehrt, das bis in das 12. Jahrhundert St. Eucharius genannt wurde. Der Triumph des Christentums, aber auch die Bedeutung des Klosters werden im Text betont, die einst mächtige Götterfigur nunmehr als ein entmachtetes Spottbild präsentiert. Jedoch fordert die Inschrift nicht konkret zu einer Beschädigung der Figur auf und gibt somit keine Hinweise auf die Steinigung der Venus.

  Den Text der begleitenden Tafel geben auch viele der erwähnten neuzeitlichen Quellen wieder. Dabei unterscheiden sich die Versionen, woraus zu folgern ist, dass die Tafel im Laufe des 16. Jahrhunderts ausgetauscht worden sein muss (Fuchs 2006, 655-658. – Fuchs 2012, 334. – Binsfeld 2007). Im Rheinischen Landesmuseum Trier sind, so hat Rüdiger Fuchs festgestellt, zwei Fragmente einer älteren deutschen Inschrift erhalten (Inv. 2008,2; 2008,3) [Abb. 3]. Sie entstand in der Zeit vom Ende des 15. bis Anfang des 16. Jahrhunderts und wurde durch die Steinwürfe wohl so stark beschädigt, dass die Beischrift schon bald durch die jüngere Tafel ersetzt werden musste (Fuchs 2012, 333-336).

Vom Steinewerfen zum Heidenwerfen

4

Die Venus von St. Matthias inmitten der Sammlung der Gesellschaft für Nützliche Forschungen. Lithographie von Johann Anton Ramboux.

Mit der Überführung der Figur in die Sammlung der Gesellschaft für Nützliche Forschungen im Jahre 1811 beginnt die museale Zeit der Statue. Anders als von Johann Anton Ramboux zwischen 1824 und 1827 in einem „imaginären Museum" (Zahn 1980, 54-55) dargestellt [Abb. 4], wurde die Figur zu dieser Zeit nicht in der Basilika gezeigt, sondern zusammen mit den anderen Stücken der Gesellschaft in den Räumlichkeiten des Gymnasiums in der Jesuitenstraße (Schwinden 2000, 179). Sanderad Müller (1748-1819), universalgelehrter Benediktiner, Mitglied der im Jahr 1801 gegründeten Gesellschaft für Nützliche Forschungen und von dieser mit dem Aufbau ihrer Sammlung lokaler Altertümer betraut, beklagt bereits 1785 scharfzüngig den Zustand, in dem sich die Figur noch bis 1811 befunden haben könnte: „Ich ärgere mich jedesmal, so oft ich eine Statue in St. Mattheis […] betrachte, wie dieselbe von der heiligen Einfalt mit Steinen und Kot eingeschneit worden ist. Wären die Worte Christi ‚Welcher unter euch ohne Sünde ist, der werfe den ersten Stein auf sie‘, darübergeschrieben gewesen, so glaube ich, es würde vielleicht kein Stein dem anderen geschadet haben. Unterdessen bleibt sie an ihrem Exekutionsort stehen und erwartet, nach vorübergezogenem Hagelwetter der steinharten Schußgebetlein, aufgeklärtere Zeiten ab" (Groß 1976, 59). Johann Baptist

Hetzrodt (1751-1830), Geheimer Regierungsrat und Präsident der Gesellschaft für Nützliche Forschungen, berichtet 1817 von der Bergung von 1811 und dem Zustand davor: „Neben der Kirche der Abtei St. Matthias bei Trier sieht man eine in der Gestalt eines Ziehbrunnens ausgemauerte Vertiefung, in welcher, zufolge einer uralten Tradition, bei Einführung des Christenthums das Bild der Diana soll gestürzt worden sein. Die Vertiefung war immer mit Steinen gefüllt, welche die jährlich die Kirche besuchenden Wallfahrer, nach einem von jeher bestehenden Gebrauche hineinwarfen" (Hetzrodt 1817, 64 f.). Dies ist der erste und offenbar einzige Beleg dafür, dass die Figur von Pilgern gesteinigt worden sein soll. Bei der Bewertung des Hinweises ist nicht nur zu beachten, dass das Wallfahrtswesen des 19. Jahrhunderts einen vollkommen anderen Charakter besitzt als das des Mittelalters, auch war das Kloster infolge der Französischen Revolution längst säkularisiert worden.

Die wissenschaftliche Behandlung der Figur im heutigen Sinne begann im Jahr 1848 mit einem Artikel von Wilhelm Chassot v. Florencourt. Dort stellt er erstmals durch kunsthistorischen Vergleich klar, dass es sich bei der Mattheiser Figur um eine antike Venusdarstellung handelt und nicht, wie bisher meist unbezweifelt angenommen, um eine Diana. Chassot v. Florencourt verzichtet dabei in seiner Abhandlung nicht darauf, eine kurze Zusammenfassung der über die Statue berichtenden Quellen zu erstellen. Mit diesem Aufsatz gelangt die Venus zu einiger Prominenz – und zwar auch in der damals aufstrebenden Volkskunde. Karl Simrock (1802-1876), Bonner Dichter, Philologe und Germanist, bekannt mit Wilhelm und Jakob Grimm, veröffentlicht 1855 in der Zeitschrift für deutsche Mythologie und Sittenkunde einen Aufsatz mit dem Titel „Heiden werfen", in dem er, ausgehend von der Venus von St. Matthias, die rituelle Steinigung von paganen Bildern thematisiert. Als Parallelen nennt er eine Überlieferung aus dem Kreis Euskirchen, der zufolge der Pfarrer Kommunionkinder im Sinne einer Teufelsabschwörung dazu anhielt, eine Figur in der Kirche zu „steinigen", sowie einen Brauch aus Hildesheim, an dem an einem Samstag in der Fastenzeit Jungen auf dem Domhof einen als „Jupiter" bezeichneten Kegel mit Steinwürfen stürzten (Simrock 1855, 132 f.). Interessant sind diese Hinweise zweifellos auch noch für die heutige Forschung, da in diesen Beispielen wie auch in den Quellen zur Venus von St. Matthias – bis auf den genannten singulären Hinweis bei Hetzrodt aus dem 19. Jahrhundert – ausnahmslos Kinder oder Jugendliche als Steinigende genannt werden. Simrock geht nun noch einen Schritt weiter und führt hier, etwas übergangslos, einen Begriff ein, den er nicht zufällig auch als Überschrift des Artikels wählt: „heiden werfen".

In der Schweiz werde das Kinderspiel, Steine auf dem Wasser springen zu lassen, so genannt. Ist Simrock auch ein reflektierter Autor, der die von ihm dargestellten Zusammenhänge durchaus vorsichtig darlegt, so entsteht in der folgenden Rezeption dieses Artikels doch ein Kurzschluss: Fortan wird nicht selten der Begriff „Heiden werfen" als historische Bezeichnung der Steinigung heidnischer Bildnisse gesehen und somit auch mit der Ächtung der Trierer Venus in Verbindung gebracht. Aber nicht nur in Trier ist dieser Begriff nie überliefert worden, er wurde historisch auch niemals im Zusammenhang mit einem ähnlichen Ritus der Steinigung von Bildnissen verwendet. Beispielsweise wird um 1930 das „Heidenwerfen" nun aber als fester Begriff geführt, definiert als „das Bewerfen oder Umwerfen heidnischer Symbole, um den Sieg des Christentums auszudrücken", und als Beleg wird die Venus von St. Matthias genannt (Winkler 1930).

Besonders in der neueren Literatur zur Trierer Venus wird die Wortfindung des „Heidenwerfens" in zum Teil irreführender Art verwendet, suggeriert sie doch, dass es sich bei der Steinigung der Venus um einen festen und lokal bezeichneten Brauch gehandelt habe – was jedoch anhand der Quellen kaum zu belegen ist. So heißt es in einem Buch über Aphrodite unter der Kapitelüberschrift „Das Trierer ‚Heidenwerfen'": „Als installiertes Feindbild diente sie im Rahmen des Wallfahrtsprogramms zur Perpetuierung der Idolenangst und -aggression. Ein jeder Teilnehmer konnte so in öffentlicher Konfession seine Gesinnung beweisen, die sich in der Verletzung des stärksten Reizes zu bewähren hatte, mit dem das Heidentum die Sinne hatte bestechen können: die Figur der nackten Liebesgöttin" (Hinz 1998, 103). Im Jahr 2000 wird die „Venus von St. Matthias" in der Ausstellung „Das Feige(n)blatt" der Glyptothek München gezeigt. Im Begleitband zur Ausstellung heißt es: „Wohl seit dem frühen Mittelalter war die Venus neben der Klosterkirche St. Matthias aufgestellt […]. An all den Orten war sie Ziel der obligaten Steinwürfe (‚Heidenwerfen') der nach St. Matthias wallfahrenden Pilger, die somit ihre Verachtung gegen die Macht der weiblichen, sinnlichen Reize ausdrücken wollten" (Prange 2000, 55). Hierbei muss also erneut darauf hingewiesen werden, dass nicht nur der Zeitpunkt der Aufstellung der Venus im Dunkeln liegt, auch die Steinigung der Figur durch Pilger ist, zumindest vor dem 19. Jahrhundert, keinesfalls gesichert. Aber das Bild davon setzt sich in der Literatur zur Venus durch: „Die Venusstatue wurde von Wallfahrern […] in ihr Pilgerritual eingebunden" (Klöckner 2012, 30); im Begleitband zur Ausstellung „Bewegte Zeiten" 2018 in Berlin heißt es: „Hier ist die Aggression gegen das Kunstwerk zum Reinigungsritual auf einer Pilgerschaft geworden, das als ‚Heidenwerfen' bezeichnet wurde" (Wemhoff 2018, 318).

Auffallend ist dabei in der neueren Rezeption der Trierer Venusfigur, dass nicht nur die Steine werfenden Pilger zum historischen Faktum erhoben werden. Auch der seit der Jahrhundertwende zur Verfügung stehende Erklärungskatalog der Psychoanalyse gibt einen ganz neuen

Deutungsansatz. Vor uns entsteht ein Bild von glaubenseifernden, von sexueller Doppelmoral getriebenen Pilgern. Interessant ist auch, dass keiner der Autoren, die diese Zusammenhänge aufbauen, argumentativ einbezieht, dass es sich in der zeitgenössischen Wahrnehmung um eine Diana- und nicht um eine Venusdarstellung gehandelt habe. Gewiss, auch eine Diana ist eine heidnische Göttin und somit ein vor allem im christlichen Sittenbild des 19. Jahrhundert zweifelhaftes Weib, aber mit einer Venus klingt die Geschichte doch deutlich saftiger. Dabei ist die Deutung der Figur als Diana historisch plausibel zu erklären. Bereits 1905 hatte der Philologe Ludwig Radermacher (1867-1952) – in Fortführung der Gedanken Karl Simrocks – sich diesem Problem in seinem Aufsatz „Venus in Ketten" gewidmet. Diana sei im Volksglauben das Inbild einer Hexen- und Zaubergöttin gewesen. In zahlreichen Sagen werde beschrieben, dass Hexen ihre dämonische Kraft aus dem Boden bezögen. Dies erkläre laut Radermacher, warum die „Diana" bei St. Matthias zeitweilig in Ketten aufgehängt worden sei, wie es Alexander Wiltheim und Brouwer/Masen beschreiben (Radermacher 1905, 226 f.). Und tatsächlich weist auch die Ich-Form der Texttafel darauf hin, dass der Statue ein Eigenleben zugesprochen wurde (Klöckner 2012, 32).

St. Matthias im späten Mittelalter

Was können wir nun über die mittelalterliche und neuzeitliche Behandlung der Venus sagen? Die Schriftquellen dokumentieren seit der Mitte des 16. Jahrhunderts die Figur der Göttin bei der Abtei St. Matthias und etwas später entstehen die ersten Berichte über Kinder, die sie mit Steinen traktieren. Von einer Steinigung durch Pilger ist nur in einer einzigen Quelle von 1817 die Rede. Während es Hinweise auf Parallelen zu einer „Steinigung" durch Kinder gibt, fehlen solche für Angriffe auf eine antike pagane Figur durch Pilger vollständig.

Eine Inschrift, die die Venus in St. Matthias belegt und mit den legendären ersten Bischöfen Eucharius, Valerius und Maternus verbindet, hat es spätestens etwa seit der Zeit um 1500 gegeben.

Natürlich ist es nachvollziehbar, die Venusfigur bereits mit der frühen Christengemeinde in Trier verbinden zu wollen, aber über die Geschichte der Figur vor der Zeit um 1500 können wir gar nichts Belastbares aussagen, auch wenn vorgeschlagen wurde, an der Nennung des Eucharius in der Beischrift abzulesen, dass der Ritus der Steinigung bereits auf die Zeit vor der Matthias-Verehrung zurückgehen soll (Clemens 2003, 244).

Vielmehr soll hier zum Schluss das Argument geführt werden, dass das Auftauchen der Venus um 1500 tatsächlich gut in die Situation passen würde, in der sich das Kloster St. Matthias zu dieser Zeit befand. Möglicherweise erhielt die Figur also erst im späten Mittelalter ihren Kontext – in einer Zeit also, in der man sich nur allzu gern auf vermeintlich historische Traditionen berief.

Bereits Rüdiger Fuchs bringt den Zeitraum der Entstehung der ältesten bekannten Inschrift und damit die „intensivierte Nutzung des feindlichen Kultbildes" mit dem Wunsch in Verbindung, die Wallfahrten nach St. Matthias zu beleben (Fuchs 2006, 656). Das Benediktinerkloster vor den Mauern der Stadt wurde ursprünglich nach dem ersten Trierer Bischof, dem Hl. Eucharius benannt. Im Kloster befindet sich auch das Grab des Hl. Valerius und bis in das 11. Jahrhundert auch des Hl. Maternus (Weber 2004, 371 ff.); zusammen gelten die drei Bischöfe als die Bistumsgründer. Mit dem Auffinden der Reliquien des Apostels Matthias 1127 wurde das Kloster zum einzigen Apostelgrab nördlich der Alpen und damit bald zu einem erfolgreichen und beliebten Wallfahrtsort, sodass sich für das Kloster im Laufe des 12. Jahrhunderts die Bezeichnung „St. Matthias" durchsetzte. Zunehmend gelangte das Kloster als Wallfahrtsort jedoch unter einigen Druck. Nicht nur, dass Köln oder Aachen mit ihren neuen oder neu aufgefundenen Reliquien für Pilger attraktiv wurden, auch vor Ort gab es Konkurrenz. Zwar war die Reliquienweisung in St. Matthias bereits seit 1403 mit einem Ablass verbunden und das Pilgeraufkommen scheint immens gewesen zu sein (Schmid 2004, 68; 90), aber dass Trier am Vorabend der Reformation zu einem der wichtigsten Wallfahrtsorte geworden war, war der Anziehungskraft des bereits 1196 erhobenen, aber erst 1512 in einer Reliquienzeigung präsentierten Heiligen Rockes zu verdanken. Nach der Etablierung neuer Reliquienkulte im Rheinland vor allem im 11. und 12. Jahrhundert ist in der Zeit um 1500 eine erneute Phase der Kultkonkurrenz und der Suche nach Heiligen zu bemerken (Schmid 2016, 98, 122). In diese Epoche datiert nun auch die erste bekannte Beischrifttafel zur Venus von St. Matthias. Es scheint demnach plausibel, dass die Figur in dieser Zeit als zusätzliche Attraktion für die Pilger ertüchtigt werden sollte. In St. Matthias investierte man Anfang des 16. Jahrhunderts stark in die Präsentation der Heiltümer: Ab 1512/13 wurde der Umbau der Krypta mit den Gräbern von Eucharius und Valerius vorgenommen, zur selben Zeit etwa erfolgte der Umbau der Schatzkammer der Klosterkirche (Weber 2004, 355 f.; 376). Deutlich betonen die Tafeln zur Venus gerade die lange christliche Tradition des Klosters und weisen auf das kraftvolle Wirken besonders des Hl. Eucharius hin, der hier neben dem Apostel Matthias begraben lag. Mehr noch: Der Wunsch, das Kloster als entscheidenden Wirkungsort der ersten Trierer Bischöfe darzustellen, kann auch als Bemühung verstanden werden, sich gegenüber dem Trierer Dom als Wallfahrtsort zu positionieren.

Quellen zur Venus von St. Matthias

C. Bruschius, Monasteriorum Germaniae praecipuorum ac maxime illustrium centuria prima, in qua origines, annales ac celebriora cuiusque monumenta, bona fide rescensentur (Ingolstadt 1551) 122. – A. Ortelius/J. Vivianus, Itinerarium per nonnullas, Galliae Belgicae partes (Antwerpen 1584) 55. – J. Bertels, Deorum sacrificiorumque gentilium descriptio (Köln 1606) 33. – C. Brouwer/J. Masen, Antiquitatum et annalium Treverensium I (Löwen 1670) 160. – C. Brouwer/J. Masen, Metropolis ecclesiae Trevericae. Hrsg.

von Ch. v. Stramberg (Koblenz 1855) 402. – A. Wiltheim, Luciliburgensia sive Luxembur-
gum Romanum. Hoc est Arduennae veteris situs, populi, loca prisca, ritus, sacra, lingua.
Opus posthumum a Aug. Neyen editum (Luxemburg 1842). – E. Wiltheim, Kurzer und
schlechter Bericht des hauses, schloss und landts Luxemburg (zit. nach Kentenich 1911,
119).

Literatur

W. Binsfeld, Zur Inschriftentafel bei der Venus von St. Matthias in Trier. Trierer Zeitschrift 69/70, 2006/07, 297-298. – W. Chassot v. Florencourt, Der gesteinigte Venus-Torso
zu St. Matthias bei Trier. Schicksale eines Götterbildes. Jahrbücher des Vereins von Altertumsfreunden im Rheinlande 13, 1848, 128-140. – L. Clemens, Tempore Romanorum
constructa. Zur Nutzung und Wahrnehmung antiker Überreste nördlich der Alpen während des Mittelalters. Monographien zur Geschichte des Mittelalters 50 (Stuttgart 2003).
– K. Deppmeyer, Feindbild Venus. Archäologie in Deutschland 34, 2018, H. 2, 24-25. – R.
Fuchs, Die Inschriften der Stadt Trier I (bis 1500). Die deutschen Inschriften 70 (Wiesbaden 2006) 350; 655-658. – R. Fuchs, Die Inschriften der Stadt Trier II (1501-1674). Die
deutschen Inschriften 71 (Wiesbaden 2012) 333-336; 562. – G. Groß, P. Sanderad Müller
OSB (1748-1819). Ein Lebensbild des letzten Bibliothekars von St. Maximin und ersten
Konservators in Trier. Kurtrierisches Jahrbuch 16, 1976, 43-61. – J. B. Hetzrodt, Nach-
richt über die alten Trierer (Trier 1817). – B. Hinz, Aphrodite. Geschichte einer abend-
ländischen Passion (München 1998). – G. Kentenich, Verschleppte Trierer Altertümer.
Trierische Chronik 7, 1911, 114-122. – A. Klöckner, Von der Anschauung zur Anbetung.
Götterbilder im antiken Griechenland. Gießener Universitätsblätter 45, 2012, 29-41. –
P. Prange, Von Feigenblättern und anderen Verhüllungen. Nachrichten aus Moralpolis.
In: Das Feige(n)blatt. Ausstellungskatalog, Glyptothek München (München 2000) 65-
119. – L. Radermacher, Venus in Ketten. Westdeutsche Zeitschrift für Geschichte und
Kunst 24, 1905, 219-227. – J. A. Ramboux, Malerische Ansichten der merkwürdigsten
Alterthümer und vorzüglicher Naturanlagen im Moselthale bey Trier (Trier 1824/27). –
W. Schmid, Die Wallfahrtslandschaft Rheinland am Vorabend der Reformation. Studien
zu Trierer und Kölner Heiltumsdrucken. In: Wallfahrt und Kommunikation. Kommuni-
kation über Wallfahrt. Hrsg. von B. Schneider. Quellen und Abhandlungen zur mittel-
rheinischen Kirchengeschichte 109 (Mainz 2004) 17-195. – W. Schmid, Von den Heiligen
Drei Königen zum Heiligen Rock. Geschichte in Köln, Zeitschrift für Stadt- und Regio-
nalgeschichte 63, 2016, 97-128. – L. Schwinden, Römische Funde in der Altertümer-
Sammlung der Gesellschaft für Nützliche Forschungen. In: Antiquitates Trevirenses.
Beiträge zur Geschichte der Trierer Altertumskunde und der Gesellschaft für Nützliche
Forschungen. Kurtrierisches Jahrbuch 40 (Trier 2000) 171-206. – K. Simrock, Heiden
werfen. Zeitschrift für deutsche Mythologie und Sittenkunde 2, 1855, 131-135. – W.
Weber, Wallfahrtsheiligtümer in Trier. Zur architektonischen Ausgestaltung der Wall-
fahrtsstätten. In: Wallfahrt und Kommunikation. Kommunikation über Wallfahrt. Hrsg.
von B. Schneider. Quellen und Abhandlungen zur mittelrheinischen Kirchengeschichte
109 (Mainz 2004) 353-395. – M. Wemhoff, „Er mich zerbrach, mein Ehr abnahm“. Bilder-
sturm als Deutungsmöglichkeit archäologischer Befunde. In: Bewegte Zeiten. Archäologie in Deutschland. Ausstellungskatalog Berlin, Gropius-Bau (Petersburg 2018) 316-327.
– Winkler, Heidenwerfen. In: Handwörterbuch zur deutschen Volkskunde III (Berlin
1930/31) 1653-1655. – E. Zahn, Eine archäologisch-topographische Karte der Stadt Trier
aus der Zeit um 1802. Festschrift 100 Jahre Rheinisches Landesmuseum Trier. Trierer
Grabungen und Forschungen 14 (Trier 1979) 297-311. – E. Zahn, Johann Anton Ramboux. Museumsdidaktische Führungstexte 4 (Trier 1980).

Abbildungsnachweis
1-3 Th. Zühmer, RLM Trier, Digitalfotos.
4 nach: Ramboux 1824/27 Blatt 11.

Sigmund Oehrl

Ein Bronzearmring mit Runen
aus Lorscheid, Kreis Trier-Saarburg,
und die Rezeption der „Merseburger Zaubersprüche"

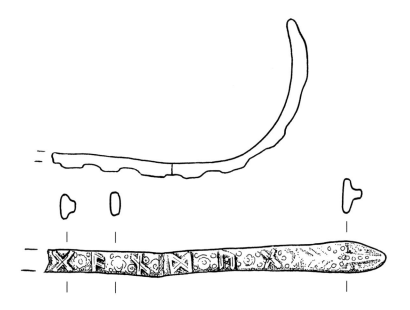

1
Lorscheid.
Fragment eines Armrings
mit Runeninschrift.
L. abgerollt ca. 9 cm, B. 6-8 mm,
D. 2-4 mm. M. 1:1.
RLM Trier, EV 2018,24.

Das Fundstück

Das hier vorzustellende Fragment eines Armringes wurde im Rahmen der Deutschen Schatzsuchermeisterschaft in Osburg/Lorscheid am 26. Mai 2018 von einem Sondengänger gefunden. Der genaue Fundplatz befindet sich in der Flur „In [oder: An] den Langfeldern" der Ortsgemeinde Lorscheid. Weitere Funde aus inmittelbarem Zusammenhang liegen nicht vor. Als Vertreter der Landesarchäologie war Dr. Peter Henrich, Leiter der Außenstelle Koblenz, anwesend, der die Aufnahme und Bearbeitung des Fundes in die Wege leitete.

Das erhaltene Stück des bandförmigen Rings ist aufgerollt ca. 9 cm lang, die Breite beträgt 0,6 cm, am verdickten Ende jedoch bis ca. 0,8 cm [Abb. 1]. Die Dicke des Bandes variiert zwischen ca. 0,2 und 0,4 cm; die Außenseite weist ein Relief mit erhabenen Schriftzeichen auf und das erhaltene Ende des Schmuckstückes geht in eine schlangenkopf-ähnliche Verdickung mit punkverziertem Grat über. Es handelt sich um ein Bronzeobjekt; die erhabenen, geradezu plastischen Schriftzeichen sowie die in den Zwischenräumen der Inschrift und auf dem ‚Schlangenkopf' befindlichen Kreis- und Punktverzierungen sind mitgegossen. Links befindet sich die Bruchkante, der vermeintliche Schlangenkopf stellt das rechte Ende des Fragments dar. Im linken Drittel des Rings, unmittelbar links neben dem vierten Schriftzeichen, scheint sich eine weitere Bruchstelle zu befinden – ein auch farblich leicht abweichender senkrechter Grat lässt erkennen, dass der Ring hier auseinandergebrochen war und wieder zusammengelötet wurde.

Die Runen

Die sechs erhabenen Schriftzeichen auf der Außenseite des Armrings sind sehr deutlich, können ohne jeden Zweifel als Runen im älteren Futhark bestimmt und einwandfrei gelesen werden. Der Beginn der Inschrift befand sich auf dem verlorenen Stück, die Leserichtung verläuft von links nach rechts. Der erhaltene Teil lautet ᚷᚨᚾᛗᚢᚾ, in Umschrift **[...]gandun**.

Runen sind die Schriftzeichen der germanisch sprechenden Gruppen Europas im ersten Jahrtausend, die vor der Etablierung der lateinischen Schriftkultur, bisweilen auch neben dieser und in Teilen Skandinaviens bis weit in das Mittelalter hinein verwendet wurden (Düwel 2008. – Krause 2017). Die Runenschrift wurde wahrscheinlich um Christi Geburt, spätestens im 1./2. Jahrhundert im südlichen Skandinavien, auf der Grundlage mediterraner Schriftsysteme entwickelt. Am plausibelsten ist die Annahme, dass das lateinische Alphabet unmittelbar Pate stand. Die Runenreihe ist nicht wie unser Alphabet angeordnet und wird daher nach ihren ersten sechs Zeichen ᚠᚢᚦᚨᚱᚲ als *fuþark* (Futhark) bezeichnet.

Es wird zwischen einem älteren und einem jüngeren Futhark unterschieden. Die Runenreihe der älteren Überlieferungsphase umfasst 24 Zeichen (älteres Futhark) und wird vom 2. Jahrhundert bis ca. 700 auf dem Kontinent und in Skandinavien verwendet. Die jüngere Runenreihe (jüngeres Futhark) weist nur noch 16 Zeichen auf und war in der Zeit von ca. 700 bis in das 12. Jahrhundert und darüber hinaus, also in der Wikingerzeit und im skandinavischen Mittelalter, in Gebrauch. Inschriften im jüngeren Futhark begegnen fast ausschließlich in den skandinavischen Ländern sowie den skandinavischen Kolonien und Interessensgebieten in Nordwest- und Osteuropa. Insgesamt sind heute rund 6 500 Runeninschriften bekannt, von denen die mit Abstand meisten der jüngeren Phase angehören. Zu den Inschriften im älteren Futhark zählen nur ca. 460 Inschriften.

Mit Runen wurden (meist kurze) Mitteilungen in Holz, Stein, Knochen, Horn oder Metall eingetragen (geritzt, geschnitzt, gemeißelt, graviert, tauschiert), und zwar sowohl in religiösen und magischen, als auch in profan anmutenden und mitunter alltäglichen Kontexten. Was Umfang und Inhalt anbelangt, so reicht die Bandbreite von Ein-Wort-Inschriften auf Schmuckgegenständen bis zu komplexen Skaldenstrophen auf Steinmonumenten der Wikingerzeit. Die gängigen Texttypen sind Personennamen (Schenker-, Widmungs-, Hersteller- und Besitzerinschriften), Objektbezeichnungen, Gedenkformeln, Weiheformeln, magische Formelwörter oder Sprüche, Fluchformeln und reine Futhark-Inschriften.

Runeninschriften im älteren Futhark begegnen auch auf dem Kontinent. Den größten Teil stellt dabei das Corpus der „südgermanischen" Runeninschriften dar, mit rund 100 Objekten, die vorwiegend in das 6. Jahrhundert (Merowingerzeit) datieren (Edition: SG). Die Funde stammen hauptsächlich aus Frauengräbern von Nekropolen des alemannischen und fränkischen Siedlungsraums und repräsentieren Vorformen des Althochdeutschen. Die merowingerzeitlichen Runen sind auf mobilen Objekten, insbesondere auf Fibeln und anderen Schmuckobjekten anzutreffen. Seltener wurden Gürtelbeschläge, Amulettkapseln oder Objekte aus Knochen oder Elfenbein beschriftet. In relativ wenigen Fällen handelt es sich um Beigaben aus Männergräbern, dann hauptsächlich um Teile der Bewaffnung. Die Inschriften sind meist sehr kurz, ganz überwiegend handelt es sich um Personennamen.

Schon der gute Zustand des Bronzerings von Lorscheid, der ohne starke Korrosion und Patinierung vergleichsweise ‚frisch' wirkt, und der aus runologischer Sicht außergewöhnliche Umstand, dass die Schriftzeichen plastisch mitgegossen wurden, mahnt zur Skepsis und lässt an ein neuzeitliches Produkt denken. Wer dennoch auf ein authentisches Runendenkmal aus dem frühen Mittelalter gehofft hat, muss leider enttäuscht werden – es ist bereits eine Gruppe fünf eng verwandter Ringe aus Deutschland (und Polen) bekannt, für die eine neuzeitliche Entstehung mehr als wahrscheinlich ist (Düwel 1998). Der Neufund aus Lorscheid ist die Nummer 6. (Düwel nennt drei weitere Ringe – aus Zweiflingen, Altstädten und Berlin –, die sich jedoch als eigene Zutat, also reine Erfindungen und Scherz, herausgestellt haben; dieser Scherz findet sich auch wieder in der neuen Edition der südgermanischen Runeninschriften, SG-138.) Alle diese Ringe scheinen aus der ersten Hälfte des 20. Jahrhunderts zu stammen und zitieren aus den „Merseburger Zaubersprüchen".

Die „Merseburger Zaubersprüche" und ihre Rezeption
Bei den „Merseburger Zaubersprüchen" (Eichner/Nedoma 2001. – Beck 2011. – Meineke 2016) handelt es sich um zwei in althochdeutscher Sprache verfasste Texte (MZ1-MZ2), die nachträglich auf dem ursprünglich unbeschrifteten Vorsatzblatt eines lateinischen Sakramentars aus dem 9. oder 10. Jahrhundert eingetragen wurden. Die Handschrift befindet sich in der Merseburger Domstiftsbibliothek (Cod. 136), stammt jedoch ursprünglich aus dem Kloster Fulda. Die beiden Zaubersprüche dürften im 10. Jahrhundert in den Codex eingetragen worden sein, ihr eigentliches Alter wird unterschiedlich bewertet. Die Datierung schwankt zwischen ca. 750 und der Entstehungszeit der Handschrift.

Die Sprüche wurden 1842 von Jacob Grimm erstmals veröffentlicht und zählen seitdem zu den prominentesten Denkmälern der deutschen Literatur des Mittelalters und zu den bedeutendsten, am häufigsten diskutierten Gegenständen der germanistischen Mediävistik.

Die Texte bestehen aus Langzeilen (d. h. mit An- und Abvers), die teils Stabreim, teils Endreim aufweisen. Beide können inhaltlich – wie bei mittelalterlichen Zaubersprüchen üblich – in die episch-narrative Schilderung einer mythischen Vorbildhandlung *(historiola)* und die eigentliche magische Anrufung *(incantatio)* unterteilt werden, im Sinne von: „So wie damals, so geschehe es auch jetzt!"

MZ1 lässt mythische Frauengestalten auftreten, die Fesseln binden und lösen. Der Spruch endet mit der Aufforderung: *insprinc haptbandun inuar uigandun* – „Entspring den Banden, entflieh den Feinden!" Der Spruch wird folglich als Lösezauber angesehen, der Gefangene von ihren Fesseln befreit, mitunter aber auch als Kampfzauber oder magisches Mittel zur Geburtshilfe interpretiert. Das letzte Wort *uigandun* ist auf unserem Lorscheider Armring als **gandun** erhalten geblieben.

In der *historiola* von MZ2 wird von einem Fohlen erzählt, das sich am Bein verletzt hat. Nacheinander treten vier Göttinnen in Erscheinung, die mit ihrer Zauberkunst versuchen, das Tier zu heilen – ohne Erfolg. Erst als Göttervater Wodan das Pferd bespricht, wird es gesund. Wodans Zauberspruch, d. h. die *incantatio* von MZ2, lautet: *sose benrenki sose bluotrenki sose lidirenki – ben zi bena bluot zi bluoda lid zi geliden – so se gelimida sin* – „Wie die Knochenverrenkung, wie die Blutverrenkung, wie die Gelenkverrenkung – Knochen zu Knochen, Blut zu Blut, Gelenk zu den Gelenken –, so seien sie zusammengefügt!"

Die „Merseburger Zaubersprüche" haben nicht nur in der germanistischen und religionshistorischen Forschung von Beginn an und bis auf den heutigen Tag viel Interesse und Aufmerksamkeit auf sich gezogen, sondern in gewissem Umfang durchaus auch in Kunst, Literatur und Populärkultur (Beck 2003, XXVI-XXXII). Heute sind es insbesondere Musikbands aus den Bereichen Mittelalter-Pop, Mittelalter-Rock und Pagan-Metal, die durch ihre Vertonungen der „Merseburger Zaubersprüche" das Thema in den entsprechenden Subkulturen und darüber hinaus bekannt machen (Ougenweide, In Extremo, Corvus Corax, Odroerir, Witchblood u. a.). Allerdings gab es bereits um 1900 konkrete Überlegungen dazu, wie die Zaubersprüche – zu denen freilich keine Noten überliefert sind und über deren Vortragsform wir nichts wissen – vertont werden sollten, etwa zu den Melodien von „Gaudeamus igitur" oder „Taler, Taler, du musst wandern".

2
Befreiung der Gefangenen.
Illustration zum ersten
Merseburger Zauberspruch von
Emil Doepler (d. J.), ca. 1905.

3
Heilung des Pferdes.
Illustration zum zweiten
Merseburger Zauberspruch von
Emil Doepler (d. J.), ca. 1905.

Im frühen 20. Jahrhundert gehörte die Kenntnis der beiden Zaubersprüche sozusagen zur Allgemeinbildung bürgerlicher Bevölkerungs-
schichten. Sie wurden in Schulbüchern behandelt und bisweilen auch
künstlerisch verarbeitet. So enthält das in verschiedenen Auflagen
zwischen 1890 und 1905 erschienene Buch „Walhall. Die Götterwelt
der Germanen" Illustrationen zu beiden Sprüchen, die von dem in
München geborenen Maler und Graphiker Emil Doepler (der Jüngere) stammen [Abb. 2-3]. Text und Vorwort des Buches wurden von den
berühmten Altgermanisten Wilhelm Ranisch und Andreas Heusler
verfasst. Wie andere Werke dieser Zeit wollte der Walhall-Band einen
Beitrag zur Etablierung germanischer Kultur und Geschichte als Basis
nationaler Kunst und Dichtung leisten. Zur Jahrtausendfeier der Stadt
Merseburg im Jahr 1933 wurde zudem eine Postkarte herausgegeben,
auf der die Heilung des Pferdes durch Wodan zu sehen war.

Vor diesem Hintergrund sind die Armringe mit Zitaten aus den „Merseburger Zaubersprüchen", zu denen auch der Fund aus Lorscheid zählt, zu sehen. Dass die Sprüche auf den Schmuckstücken in Runen präsentiert werden, entspricht ebenfalls dem Geist der Zeit in der ersten Hälfte des 20. Jahrhunderts.

Runenrezeption

Runen werden in Kunst und Literatur seit dem 19. Jahrhundert verarbeitet (Oehrl 2018). Bekannt ist beispielsweise die mit mehreren Runeninschriften versehene Wotan-Skulptur des Bildhauers Rudolf Maison, die 1901 auf der Internationalen Kunstausstellung in München ausgezeichnet wurde. Ein frühes Beispiel aus der Weltliteratur bietet der Abenteuerroman „Reise nach dem Mittelpunkt der Erde" (1864, deutsch 1873) von Jules Verne – eine in Runen geschriebene Botschaft liefert den Protagonisten den Anstoß und die Wegweisung für ihre Reise.

Parallel zur jungen, von Wilhelm Grimm (1821) mitbegründeten runologischen Wissenschaft des 19. und frühen 20. Jahrhundert ist – vor allem im Kontext der sogenannten Völkischen Bewegung – ein starkes pseudowissenschaftlich-esoterisches Interesse an den Runen im deutschsprachigen Raum zu verzeichnen. Als besonderer Ausdruck germanischer und damit vermeintlich auch deutscher Kultur wurden Runen in unterschiedlichen Kontexten aufgegriffen, teils unpolitisch, naiv und schwärmerisch, häufig jedoch mit nationalistisch-rassistischer Stoßrichtung. Als bedeutendster Vertreter dieser Szene ist der österreichische Esoteriker, Künstler und Schriftsteller Guido v. List zu nennen. In seiner 1908 veröffentlichten Schrift „Das Geheimnis der Runen" präsentierte List die vermeintlich ursprüngliche Runenreihe und wahre Bedeutung der Runen, die ihm während einer Phase vorübergehender Erblindung in einer Art Vision offenbart worden seien. Bei den List'schen Runenformen handelt es sich teils um Neuschöpfungen; ihre Anordnung, Deutungen und Etymologien sind völlig frei erfunden. Neben List sind weitere Phantasten zu nennen, vor allem Rudolf John Gorsleben, der in seinem Werk „Hoch-Zeit der Menschheit" (1930) Atlantis-Thesen verbreitet und die Runen als arische Urschrift ansieht. Auch die dilettantischen Bestrebungen von Pseudorunologen, an deutschen Fachwerkhäusern und in Hausmarken und Handwerkerzeichen Runenbotschaften zu entdecken, gehören in diesen Kontext (etwa Philipp Stauffs „Runenhäuser" von 1913).

Der ideologische Runendilettantismus des frühen 20. Jahrhunderts hat schließlich Eingang in die Vorstellungswelten der NS-Führung gefunden. In der NS-Zeit gab es eine Fülle pseudorunologischer Veröffentlichungen und eine ideologisch motivierte ‚Runenforschung', die zum Teil eng mit dem Regime verbunden war (Hunger 1984). Ihre Absicht war es, eine urgeschichtliche und von den Kulturen des Südens unabhängige Entstehung der Runen nachzuweisen. Die wichtigsten Vertreter dieser NS-Runenkunde waren der Laienforscher Karl Theodor Weigel, der ,Sinnbildkunde' betrieb, und der niederländische Germanist Herman Wirth, der die Forschungsgemeinschaft Deutsches Ahnenerbe der SS mitbegründete. Die esoterische Runenkunde List'scher Schule wurde vor allem innerhalb der SS fortgeführt, wo eine Revitalisierung der Runen auf dem Programm stand. Der geistig labile österreichische Okkultist und SS-Brigadeführer Karl Maria Wiligut war bis 1939 zuständig für die Gestaltung neopaganer Kulte innerhalb der SS, beriet den Reichsführer SS als Astrologe und Hellseher und gilt daher als „Himmlers Rasputin". Er entwarf auch den sogenannten SS-Totenkopfring, ein Schmuckstück, das an Offiziere der Schutzstaffel verliehen wurde und mit Runen und Pseudorunen versehen war.

Runen waren überall im NS-Alltag anzutreffen – im Apotheken-Logo, in den Abzeichen des Sanitätsdienstes der SA und der HJ, in den Logos des Hauptamtes für Volksgesundheit und des Lebensborn-Vereins der SS. Im militärischen Bereich etwa als Absolventenabzeichen der Reichsführerschulen der NSDAP oder als Truppenzeichen der 32. SS-Freiwilligen-Grenadier-Division „30. Januar" und der 7. SS-Freiwilligen-Gebirgsdivision „Prinz Eugen". Darüber hinaus begegneten Runen in Schulbüchern, auf Postkarten, Schmuckstücken usw.

Runen waren in der ersten Hälfte des 20. Jahrhunderts schlicht populär und wurden in vielen Bereichen verwendet, in Kunst und Literatur, in kunstgewerblichen, nationalromantischen, pädagogischen, esoterischen, militärischen und ideologischen Kontexten.

,Runenfälschungen'

Über das Phänomen der Runenrezeption hinaus sind in der ersten Hälfte des 20. Jahrhunderts auch Runendenkmäler mit gezielter Fälschungsabsicht nachgeahmt worden (Düwel 1994. – Düwel 2008, 212-216). Zu nennen ist hier insbesondere die große niederländische Fälschungsaffäre, die in den 1970er Jahren aufgedeckt werden konnte (Elzinga 1975). Wie metallurgische und runologische Nachforschungen ergaben, waren rund 200 Fundstücke in staatlichen und privaten Sammlungen (darunter auch der sogenannte Wikingerschatz von Winsum) gefälscht, von denen fünf Objekte Runeninschriften aufwiesen. Hinter den Fälschungen scheinen niederländische Nationalsozialisten und die Einrichtung „Deutsches Ahnenerbe" der SS zu stecken. Die in den 1990er Jahren entdeckte Runeninschrift an den Externsteinen im Teutoburger Wald konnte auf die Runenfantasien Guido Lists zurückgeführt werden und könnte ebenfalls mit Bestrebungen von ,Nazi-Archäologen' in Verbindung stehen, die den Ort als germanische Kultstätte kennzeichnen wollten (Pesch 2003). Als bloßer Scherz wird hingegen die aufsehenerregende Runeninschrift von Maria Saal (Kärnten) eingeordnet, die 1924 während einer Ausgrabung zutage kam, sich später jedoch als Werk eines Grabungshelfers erwies (Pittioni 1937).

Ferner ist eine Reihe von Runeninschriften aus dem deutschsprachigen Raum bekannt, deren Echtheit stark angezweifelt wird, bei denen allerdings unklar bleibt, ob gezielte Fälschungen mit ideologischer Absicht oder harmlose Nachahmungen und Spielereien vorliegen, die nur auf altertumskundlichem Interesse beruhen. Zu nennen sind die Steinchen von Rügen (SG-102), Zirchow (SG-137), Coburg (SG-22) und Rubring (SG-101) sowie die bronzene Miniaturaxt von Hainspach (heute Lipová u Šluknova, Tschechien; SG-49), die alle in den 1930er und 1940er Jahren ans Licht kamen. Eine Entstehung dieser Objekte im frühen 20. Jahrhundert ist gut vorstellbar.

Schließlich gibt es noch Fälle von Nachbildungen echter Runendenkmäler, die in der ersten Hälfte des 20. Jahrhunderts zu wissenschaftlichen und pädagogischen Zwecken hergestellt und vertrieben wurden und bei ihrer Wiederauffindung in der Jetztzeit Archäologen und Runologen auf Irrwege führten. Die Rede ist von den Repliken der Runenlanze von Dahmsdorf in Brandenburg, die in Torcello (Italien) und Bruck an der Mur (Österreich) angetroffen und zunächst für echt gehalten wurden (Bauer 2004. – Modl 2010). Wie mir Christoph Jahn (Zentrum für Baltische und Skandinavische Archäologie, Schleswig) freundlicherweise mitteilte, wird ein weiteres Exemplar im Museum für Geschichte und Kunst in Kaliningrad aufbewahrt (KOIHM 16421.161).

Die anderen Ringe und ihre Datierung

Die hier behandelte Gruppe runenbeschrifteter Armringe mit Zitaten aus den „Merseburger Zaubersprüchen" wurde von dem Runologen Klaus Düwel und dem Archäologen Ralf Busch aufgearbeitet (ausführlich Düwel 1998 – die dort behandelten Ringe von Zweiflingen, Altstädten und Berlin sind nur erfunden). Auf zwei der bislang bekannten Armringe wird aus der *incantatio* von MZ2 zitiert. Der in Schleswiger Privatbesitz befindliche Ring besteht aus Silber, stellt jedoch die Kopie eines wohl kupfernen Originals dar, das gegen Ende oder kurz nach dem Ersten Weltkrieg, also um 1918, beim Torfstechen irgendwo in Schleswig-Holstein gefunden worden sein soll. Die vollständige Inschrift, die eingeschnitten wurde, lautet: **pluot.tsi.pluoda** – „Blut zu Blut".

Auffallend ist dabei, dass hier die *p*-Rune ⛾ im Anlaut auftritt, die in den Inschriften im älteren Futhark außerordentlich selten überliefert ist. Bereits dieser Aspekt macht die Inschrift verdächtig. Hinzu kommt die Wiedergabe von *zi* in Form einer Ligatur (Binderune) aus ↑ und ᚺ, also *t* und *s*, + | (*i*). Zum einen ist eine derartige Ligatur aus *t* und *s* im überlieferten Material ohne Vergleich. Zum anderen wäre eine solche Grafie ohnehin ganz unwahrscheinlich, da es den Laut /tz/ in der älteren Runenperiode gar nicht gab, er entsteht erst im Zuge der Zweiten Lautverschiebung in althochdeutscher Zeit. Diese drei Merkmale sprechen eindeutig für eine neuzeitliche Entstehung des Stückes. Es muss betont werden, dass die südgermanischen Runeninschriften (mit Ausnahme der Runenlanze von Wurmlingen) eine vor-althochdeutsche

Sprachstufe repräsentieren. Sollte es also tatsächlich eine Inschrift mit Zitat aus den „Merseburger Zaubersprüchen" geben, dann müsste eine ältere Form dieser Texte, nicht aber die uns handschriftlich überlieferte althochdeutsche Fassung zugrundeliegen.

Ein weiterer Ring dieser Art wurde 1974 vom Archäologischen Museum in Danzig als Leihgabe aufgenommen und soll ca. drei Jahre zuvor in Węgle (Kreis Elbląg/Elbing) angeblich in einem Grab (wohl eher in der Nähe eines Grabes?) angetroffen worden sein. Dieser Ring konnte in Düwels Beitrag von 1998 noch nicht berücksichtigt werden (Düwel 2013, 519, nur erwähnt); er wird hier erstmals abgebildet [**Abb. 4**]. Das Stück besteht aus Bronze oder aus Messing und weist die gleiche Inschrift auf wie der Ring aus Schleswig: **pluot.tsi.pluoda** – „Blut zu Blut". Die Inschrift wurde auf der flachen Außenseite des Rings eingeschnitten.

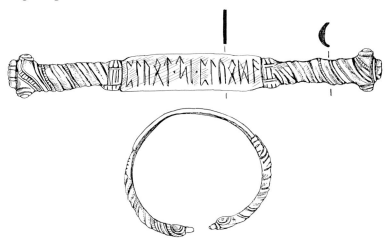

4
Węgle.
Armring mit Runeninschrift.
L. abgerollt 22,9 cm.

Bemerkenswert ist schließlich noch die Tatsache, dass beide Armringe mit Zitat aus MZ2 nicht die *b*-Rune ᛒ für /b/ im Anlaut (*bluot* und *ben*) verwenden, sondern die seltene Rune ᛈ für den Laut /p/. Ob es sich tatsächlich, wie Düwel vermutet, um einen oberdeutschen Einschlag handeln könnte, stehe dahin. Sollte dieser auf eine im Süden Deutschlands gelegene Produktionsstätte hinweisen?

Drei weitere Runenarmringe mit erhaben mitgegossenen Runen weisen, wie der Fund aus Lorscheid, Zitate aus der *incantatio* von MZ1 auf. Das Exemplar aus Privatbesitz in Braunschweig soll nach Aussage seines Besitzers im Jahr 1938 im Roemer-Museum Hildesheim an einem Verkaufsstand erworben worden sein [**Abb. 5**]. Diese Information ist entscheidend, denn sie legt nahe, dass die hier diskutierten Ringe nicht als Fälschungen anzusehen sind, sondern vielmehr als kunstgewerbliche Nachahmungen, die dem Zeitgeist entsprechend ‚Germanisches' aufgegriffen haben und in Museumsläden angeboten wurden – ähnlich wie der Runenschmuck und andere Souvenirs, mitunter anachronistischer Wikinger- und Germanen-Kitsch, der auch heute wieder in Museumsshops und auf Mittelaltermärkten verkauft wird. Der Braunschweiger Bronzering trägt die erhabene Inschrift:

inwar wigandun – „Entflieh den Feinden". Die Form der *r*-Rune ist sehr ungewöhnlich. Ganz unmöglich ist jedoch die runische Wiedergabe des Lautes, der im *inuar* des althochdeutschen Textes mit *u* angegeben wird. Für diesen wählte der Künstler die *w*-Rune ᚹ. In der althochdeutschen Handschrift bezeichnet *u* hier aber nicht den Laut /w/, sondern /f/ (*inuar* hängt mit „fahren" zusammen). In der althochdeutschen Handschriftenüberlieferung kann *u* sowohl /u/ als auch /w/ und /f/ repräsentieren. Die *w*-Rune kann jedoch niemals den Laut /f/ angeben. Das wusste der Kunsthandwerker (beziehungsweise der Verfertiger der Vorlage) offenbar nicht.

Ein nahezu identischer, jedoch unvollständiger Bronzering wurde 1974 in Haverlah bei Goslar auf einem Acker aufgelesen und im Braunschweiger Landesmuseum eingeliefert. Die letzten Zeichen der plastischen Inschrift fehlen: **inwar wigand**. Die Exemplare aus Braunschweig und Haverlah scheinen formgleich zu sein, was vielleicht auf eine Produktions- oder Vertriebsstätte in der Region hindeutet.

Auch der Ring von Lorscheid mit seiner erhaltenen Inschrift **gandun** gehört hierher, weicht jedoch in Details deutlich von den Braunschweiger Funden ab. Von besonderer Bedeutung ist nun, dass es einen weiteren Ring dieser Art aus dem Raum Trier gibt. Kurt Böhner hat dieses Stück [**Abb. 6**], das sich damals in Privatbesitz befand, im Januar 1954 dem Runologen Helmut Arntz vorgelegt. Dieser hatte die Gelegenheit, das Stück zu untersuchen und veröffentlichte es 1955. Der Veröffentlichung sind zwei Fotografien beigegeben. Die Fotos wurden im Landesmuseum Trier angefertigt, der Ring selbst verblieb bei seinem Besitzer. Während Arntz den Fundort mit Ürzig an der Mosel angibt, vermerkt das Fotoarchiv in Trier, dass der Fundort des Rings Machern auf der Gemarkung Zeltingen sei. Das Kloster Machern liegt auf der Gemarkung Wehlen. Der Ring hat keinen Eingang in die Ortsakten und Eingangsbücher des Museums gefunden, sodass weder Kenntnisse zu Fund- und Aufbewahrungsort, noch zu den Fundumständen ergänzt werden können. Die plastische Inschrift lautet: **inwar wigandun**.

5
Armring mit Runeninschrift.
L. abgerollt 20,7 cm.
Privatbesitz, Braunschweig.

6
Ürzig oder Machern.
Armring mit Runeninschrift.
L. abgerollt 19,3 cm.
Privatbesitz, Ürzig (1954).

Dass es gleich zwei Ringe dieser Art aus dem Raum Trier gibt, lässt bereits aufhorchen. Wenn man die beiden jedoch miteinander vergleicht, soweit das auf der Grundlage der Aufnahmen von 1954 möglich ist, dann erscheinen die Übereinstimmungen so groß, dass beide Ringe als nahezu identisch und womöglich gussgleich angesprochen werden können. Dies scheint zwei mögliche Schlussfolgerungen zuzulassen:

Entweder hat der Sondengänger 2018 denselben Ring gefunden, den Arntz bereits 1954 publiziert hatte. Sein Besitzer hat ihn nach 1954 in Lorscheid verloren oder (da bereits zweimal zerbrochen?) entsorgt. Dies wäre ein verblüffender Zufall.

Oder es gab im frühen 20. Jahrhundert einen Hersteller dieser Objekte im Raum Trier, beide Funde stammen aus derselben Produktion. Es wäre zu erwägen, ob Ringe dieses Typs von einer Trierer Werkstatt gefertigt beziehungsweise in einem Trierer Geschäft vertrieben wurden.

Im Übrigen soll – nach einer brieflichen Mitteilung von Tomáš Vlasatý (2019), die Klaus Düwel freundlicherweise weitergeleitet hat – um 2005 ein weiterer Runen-Bronzearmring mit Zitat aus MZ1 in Tschechien angetroffen worden sein. Das Stück sei etwa 30 km von Liberec (Böhmen, ehemals Reichenberg) von einem Sondengänger auf einer Müllkippe gefunden worden, und zwar mit weiterem Material, das der Zeit des Ersten und Zweiten Weltkriegs zuzuordnen sei. Der Fund ließ sich jedoch bisher leider nicht verifizieren, weitere Informationen liegen mir nicht vor.

Exkurs: Der Trierer Runenhase

Es gibt ein weiteres Runenkuriosum aus Trier (Schneider 1980. – SG-117), das hier kurz vorgestellt werden soll. Es handelt sich um ein kleines rahmenförmiges Objekt aus Serpentin, in dessen äußeren Längsseiten die Sequenzen **wil?a** und **wairwai** eingeschnitten sind [Abb. 7]. Eine sprachliche Deutung ist nicht möglich. Das Objekt wurde 1978 auf einer Baustelle in Trier (Ecke Windmühlen-/Böhmerstraße), in 3 m Tiefe in einem Graben für einen Abwasserkanal gefunden. Das Stück befand sich in der Grabenwand, in geringer Entfernung zu einem ebenfalls aus Serpentin geschnitzten kleinen Hasenfigürchen. Beide Objekte scheinen zusammenzugehören. Das außergewöhnliche Material, der völlig unbekannte Objekttyp und das Fehlen eines archäologischen Kontextes lassen den Gegenstand fraglich erscheinen. Darum wird die Inschrift in der runologischen Forschung üblicherweise als Fälschung beziehungsweise Nachahmung betrachtet, deren Entstehung man sich gut in der Zeit zwischen 1900 und 1945 vorstellen könnte. Dass der Runenhase mit der vermeintlichen Produktion von Runenarmringen in Trier unmittelbar im Zusammenhang steht, kann freilich nicht bewiesen werden.

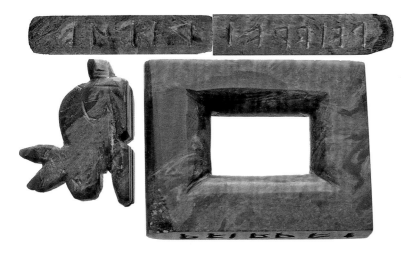

7
Trier, Windmühlen-/Böhmerstraße.
Rahmenförmiges Objekt mit
Runeninschrift und Miniaturhase
aus Serpentin.
M. 2:1.

Privatbesitz, Trier.

Fazit

Dass die hier behandelten Armringe neuzeitlich sind, haben Arntz, Düwel und Busch anhand sprachlicher, runologischer und archäologischer Aspekte nachgewiesen. Nach den überlieferten Fundangaben zu urteilen, handelt es sich um kunstgewerbliche Produkte aus der ersten Hälfte des 20. Jahrhunderts, die dem Zeitgeschmack entsprechend Runen und althochdeutsche Zaubersprüche verarbeiten.

Wenn der Fund aus Lorscheid auch kein authentisches Runendenkmal darstellt, so ist er dennoch von historischem und runologischem Interesse – er liefert uns neue Informationen zur Rezeption von Runen und zur Rezeption der „Merseburger Zaubersprüche", spiegelt den Zeitgeist des frühen 20. Jahrhunderts und bildet einen ungewöhnlichen Aspekt lokaler Geschichte ab. Auch Bodenfunde aus dem 20. Jahrhundert können spannende historische Zeugnisse sein, die es wert sind, untersucht und publiziert zu werden!

Liste der genannten Ringe mit Runeninschriften

MZ 1
Braunschweig (1938): **inwar wigandun**.
Trier (1954): **inwar wigandun**.
Haverlah (1974): **inwar wigand**.
[Liberec (2005): **?**]
Lorscheid (2018): **gandun**.

MZ 2
Schleswig (1918): **pluot.tsi.pluoda**.
Danzig (1973/74): **pluot.tsi.pluoda**.

Literatur

H. Arntz, Kleine Beiträge. Ein Bronzering mit „Runen". Trierer Zeitschrift 23, 1954/55, 239-240. – A. Bauer, Eine merkwürdige Runeninschrift aus Italien. Das Lanzenblatt von Torcello. Skandinavistik 34, 2004, 2-11. – W. Beck, Die Merseburger Zaubersprüche. Imagines medii aevi 16 (Wiesbaden 2003; ²2011). – K. Düwel, Runenfälschungen. In: Reallexikon der Germanischen Altertumskunde 25 (Berlin 2003) 518-519. – K. Düwel, Über das Nachleben der Merseburger Zaubersprüche. In: Ir sult sprechen willekomen. Grenzenlose Mediävistik. Festschrift für Helmut Birkhan zum 60. Geburtstag. Hrsg. von Ch. Tuczay u. a. (Bern 1998) 539-551. – K. Düwel, Runenkunde. Sammlung Metzler 72 ⁴(Stuttgart 2008). – H. Eichner/R. Nedoma, Die Merseburger Zaubersprüche. Philologische und sprachwissenschaftliche Probleme aus heutiger Sicht. Die Sprache 42, 2000, 1-195. – G. Elzinga, Rondom de Vikingschat van Winsum. De vrije Fries 55, 1975, 82-122. – U. Hunger, Die Runenkunde im Dritten Reich. Ein Beitrag zur Wissenschafts- und Ideologiegeschichte des Nationalsozialismus. Europäische Hochschulschriften III 227 (Frankfurt a. M. 1984). – A. Krause, Runen. Geschichte – Gebrauch – Bedeutung (Wiesbaden 2017). – E. Meineke, Ein verrenkter Pferdefuß und seine Heilung. Zum zweiten Merseburger Zauberspruch. In: PerspektivWechsel oder: Die Wiederentdeckung der Philologie 2. Grenzgänge und Grenzüberschreitungen. Zusammenspiele von Sprache und Literatur in Mittelalter und früher Neuzeit. Hrsg. von N. Bartsch/S. Schultz-Balluff (Berlin 2016) 91-148. – D. Modl, Altlasten! Zwei ungewöhnliche Lanzenspitzen aus der Archäologischen Sammlung des Universalmuseums Joanneum. Schild von Steier 23, 2010, 186-198. – S. Oehrl, Rezeption und Missbrauch von Runen. Archäologische Nachrichten aus Schleswig-Holstein 23, 2017, 116-121. – A. Pesch, Noch ein Tropfen auf die heißen Steine… Zur 1992 entdeckten Runeninschrift an den Externsteinen. In: Runica Germanica Mediaevalia. Hrsg. von W. Heizman/A. van Nahl. Reallexikon der germanischen Altertumskunde, Ergänzungsband 37 (Berlin 2003) 567-580. – R. Pittioni, Zur Frage der Echtheit des Knochenpfriemens vom Maria-Saaler Berg. Norsk tidsskrift for sprogvidenskap 8, 1937, 460-466. – K. Schneider, Zu einem Runenfund in Trier. Zeitschrift für deutsches Altertum und deutsche Literatur 109, 1980, 193-201.

Abkürzungen

MZ   Merseburger Zauberspruch

SG   K. Düwel/R. Nedoma/S. Oehrl, Die südgermanischen Runeninschriften. Ergänzungsbände zum Reallexikon der germanischen Altertumskunde 119 (Berlin, im Druck).

Abbildungsnachweis
Abb. 1 M. Meinen, Landesarchäologie Koblenz (GDKE).
Abb. 2-3 nach: E. Doepler/W. Ranisch, Walhall. Die Götterwelt der Germanen (Berlin 1905). https://commons.wikimedia.org/wiki/File:Idise_by_Emil_Doepler.jpg [14.01.2020].
https://commons.wikimedia.org/wiki/File:Wodan_heilt_Balders_Pferd_by_Emil_Doepler.jpg [14.01.2020].
Abb. 4 H. Kleinzeller, Danzig. Archiv Klaus Düwel, Göttingen.
Abb. 5 R. Busch, Hamburg. Archiv Klaus Düwel, Göttingen.
Abb. 6 RLM Trier, Foto MB 1954,4.
Abb. 7 H.-J. Leukel, Trier.

Der „Große Trier-Plan" der 1930er Jahre: Jürgen Merten
Die Via (triumphalis) archaeologica
und das Großmuseum im Kurfürstlichen Palast

Das Schloss der Erzbischöfe und Kurfürsten in Trier – das größte nach-antike Bauwerk der Moselstadt – war der Ausgangspunkt des „Gro-ßen Trier-Plans". Nach dem Ende des Kurstaates war der Palast im 19. Jahrhundert in eine zunächst französische, dann preußische Kaserne umgewandelt worden, die nach dem Ersten Weltkrieg wieder von der französischen Armee bezogen wurde. Mit dem Ende der Rheinland-besetzung ergaben sich um 1930 neue Perspektiven für die künftige Nutzung der baulich desolaten „Palastkaserne".

1928-1930: IDEEN – Stadtplanung und Museumsviertel
Für Trier war im Hinblick auf die Stadtentwicklung die künftige Ver-wendung der Palastkaserne von großer Bedeutung. Für diese Konver-sionsaufgabe war in der Stadtverwaltung der technische Beigeordne-te Otto Schmidt [Abb. 1] zuständig. Bereits im Juni 1929 legte er den „Vorentwurf zu einem Generalbauplan für den Raum Trier" vor. Darin plante er die Wiederherstellung des Palastgartens, der zusammen mit den Trierer Kunstsammlungen im Palast und dem Neubau der Stadtbi-bliothek zu einem Kulturforum entwickelt werden sollte [Abb. 2].

1
Otto Schmidt, Stadtbaurat und technischer Beigeordneter.

2
Trier.
Palast- und Museumsviertel im Generalbauplan der Stadt, 1930.

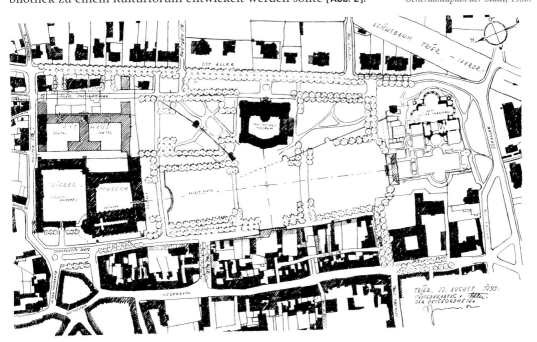

3

Friedrich Kutzbach, Baurat,
städtischer Konservator und
Leiter des Moselmuseums.

Um 1930 machte sich auch der städtische Konservator Friedrich Kutzbach [**Abb. 3**] Gedanken zur Zusammenfassung der Museumssammlungen in Trier. Er plädierte für ein „Deutsches Heimatmuseum für Trier" mit allen Sammlungen der letzten 1000 Jahre. Dazu zählte er neben dem eigenen, volkskundlich ausgerichteten Moselmuseum das Deutsche Weinmuseum sowie die Kunsthandschriften der Stadtbibliothek und die Urkunden des Stadtarchivs, gegebenenfalls ergänzt um die kirchliche Kunst. Als Ort für die Unterbringung dachte er an das noch wiederherzustellende ehemalige Simeonstift. Ausgeschlossen blieben bei seinem Plan die archäologischen Sammlungen des Provinzialmuseums (seit 1934 Rheinisches Landesmuseum).

Auch in der Kommission für die Rheinischen Provinzialmuseen wurden die Trierer Museumssammlungen als Ganzes bereits thematisiert. Von der geplanten Förderung der Heimatmuseen wollte sowohl das städtische Moselmuseum als auch das Diözesanmuseum profitieren. Nach einer Ortsbesichtigung 1930 wurde von der Kommission schließlich der Kurfürstliche Palast als eine Option zur Lösung der Raumprobleme aller Trierer Museen ins Auge gefasst.

1931-1933: STAGNATION – Ein Zentralmuseum im Fokus von Diskussionen und Denkschriften

Parallel zu den Vorlagen der Stadt und den Erwägungen der Provinzialverwaltung gab es weitere Diskussionen, Denkschriften und Vorträge aus der Reihe der mit Kunst und Kultur befassten Fachleute. So findet sich in einem Gutachten der Museumskommission vom 3. Februar 1931 ein konkreter Vorschlag mit einer interessanten Perspektive: Da alle Trierer Museen unter großer Raumnot litten, sollten sich – unter der Oberleitung der Provinz – das Provinzial-, Mosel- und Diözesanmuseum zu einer Arbeitsgemeinschaft zusammenschließen und ihre nachantiken Kunstsammlungen als Leihgabe zur Aufstellung in der Palastkaserne zur Verfügung stellen. Dazu legte Emil Krüger [**Abb. 4**] als Direktor des Provinzialmuseums im Sommer 1933 ein entsprechendes Raumprogramm für „Das zukünftige Museum deutscher Kunst und Kultur im kurfürstlichen Palast zu Trier" vor [**Abb. 5**].

Auch der für das Museumswesen in der Rheinprovinz seit 1928 zuständige Dezernent Josef Busley trug sich schon länger mit dem Gedanken einer Zusammenfassung der Trierer Museumssammlungen. Im Juli 1933 war er sich mit dem Trierer Oberbürgermeister Heinrich Weitz einig, dass die Provinz in Verbindung mit Stadt und Bistum in der Palastkaserne ein „Zentralmuseum" einrichten solle. Doch im Herbst 1933 erklärte der neue Oberbürgermeister Ludwig Christ, die Stadt wolle nun selbst die Palastkaserne in ein großes Museum umgestalten, sodass mit den umliegenden Flächen *„eine eindrucksvolle Museumsinsel im Rahmen des Stadtbildes geschaffen würde"* – eine Formulierung, die auf den Beigeordneten Schmidt als Urheber der Idee weist.

4

Emil Krüger, Direktor des
Provinzialmuseums (Rheinischen
Landesmuseums) Trier.

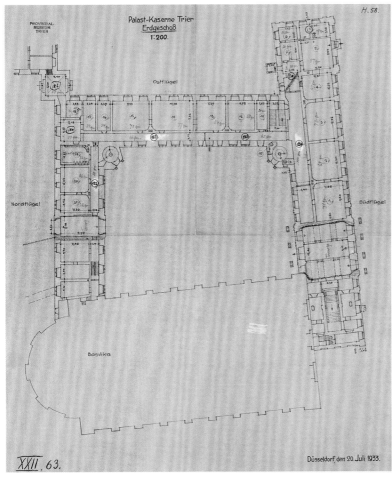

5
Trier, Kurfürstlicher Palast, Erdgeschoss. Raumplanung für das „Museum deutscher Kunst und Kultur".

6
Nikolaus Irsch, Domkapitular und Leiter des Diözesanmuseums.

Die in Trier und Düsseldorf kursierenden Planungen wurden noch 1933 durch einen Vorschlag des Kölner Kunsthistorikers Hanns Lückger gestört, der einen „Aufbauplan für ein lothringisches Grenzland-Museum in Trier" präsentierte. Die Trierer Museumsleiter waren empört und sahen eine Gefahr für die eigene Museumsarbeit, der man mit einem öffentlichen Vortrag begegnen wollte. Nikolaus Irsch [Abb. 6], der Leiter des Diözesanmuseums, wurde auf Anregung Krügers zum Sprecher bestimmt, der über das Thema „Deutsche Kunst im Trierer Großmuseum" referieren sollte. Damit war – offenbar in der Formulierung von Krüger – im Kreis der Trierer Fachleute ein Name für das neue Haus gefunden, der bei aller Vorläufigkeit in der Folgezeit am häufigsten verwendet werden sollte.

Am 21. Dezember 1933 fand in der Veranstaltungsreihe der Gesellschaft für Nützliche Forschungen der geplante Vortrag statt. Der Titel lautete nun: „Die Aufgaben der Trierer Museen und das Trierer Großmuseum". Es war kein Zufall, dass der Vortrag vor vollem Haus, in Anwesenheit von Bischof, Oberbürgermeister und Regierungspräsident gehalten wurde. Der Vortragende Irsch erläuterte zunächst die Baugeschichte des Kurfürstlichen Palastes, in dem künftig die Trierer kunst- und kulturgeschichtlichen Schätze öffentlich zugänglich gemacht werden sollten. Ausführlich sprach er über das Moselmuseum sowie über das Diözesanmuseum, die bislang *„völlig unzureichend"* untergebracht seien. In Nachbarschaft des Provinzialmuseums mit seinen archäologischen Sammlungen *„muß im Kurfürstlichen Palais ein deutsches, ein christliches, ein kirchliches, mit einem Worte, das große historische Museum Triers und des deutschen Westens erstehen".* Hier sei nun eine einmalige Gelegenheit zur Lösung der Trierer Museumsaufgaben gegeben. Mit einem „Deutschen Museum" könne Trier – so der Pressebericht – *„neben München, Berlin und Dresden [...] die größte deutsche Museumsstadt"* werden.

1934-1935: ADAPTION – Die neue Kulturpolitik der Rheinprovinz und der „Große Trier-Plan"

Die nationalsozialistische Machtergreifung Anfang 1933 führte auch in der preußischen Rheinprovinz und ihrer Kulturverwaltung rasch zu tiefgreifenden Änderungen. Die entscheidende Person für alle Fragen der künftigen Kulturpolitik der Rheinprovinz im Allgemeinen und in Bezug auf den „Großen Trier-Plan" im Besonderen wurde der neue Kulturdezernent, Landesrat Hans-Joachim Apffelstaedt [Abb. 7], der als SA-Standartenführer zugleich ein hohes Parteiamt ausübte. Schon im April 1934 teilte Apffelstaedt in seinem ersten Rechenschaftsbericht mit, dass fast 40 % der Gesamtausgaben der Kulturpflege auf die beiden Provinzialmuseen entfalle. Die *„völlige Neuordnung des Provinzialmuseums in Bonn"* stehe für ihn an erster Stelle. Nach Hinweisen auf die massive Förderung der Vorgeschichtsforschung folgte eine Vorneverteidigung der provinzialrömischen Archäologie im Rheinland. Schließlich erklärte er die *„Schaffung eines Großmuseums in Trier"* als Zusammenfassung der Bestände des Provinzialmuseums, der Sammlung mittelalterlicher Kunst des bischöflichen Diözesanmuseums, der Schätze der Stadtbibliothek sowie der volkskundlichen Sammlungen des Moselmuseums *„zu einer einzigartigen Gesamtschau"* zu einer wesentlichen Aufgabe.

7
Hans-Joachim Apffelstaedt, Landesrat und SA-Standartenführer, Kulturdezernent der Rheinprovinz.

In Trier gab es im Laufe des Jahres 1934 noch weitere Überlegungen zur Inwertsetzung des Kulturerbes. Es ging um die Idee eines touristischen Weges, der quer durch die Altstadt alle Baudenkmäler und Kunstsammlungen verbinden sollte. Dieser Gedanke taucht in seinen Grundzügen bereits im Gutachten der Museumskommission auf, in dem ein künftiges Museum in der Palastkaserne im Zusammenhang der Trierer Sehenswürdigkeiten gesehen wird. Die Anregung dazu wird von Krüger stammen, der 1934 auch als Urheber des Namens „Via archaeologica" genannt wird.

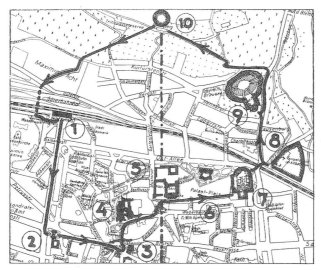

8
Trier.
Plan der Denkmälerschau oder
Via archaeologica: Vom Haupt-
*bahnhof (**1**) zu Porta Nigra und*
*Simeonstift (**2**), über Haupt-*
*markt (**3**) zu Dom und Lieb-*
*frauen (**4**), weiter über Basilika*
und Palast mit Großmuseum
*(**5**), die geplante Stadtbiblio-*
*thek sowie Palastplatz (**6**) mit*
*Kaiserthermen (**7**) und weiter*
zu Tempelbezirk am Altbachtal
*(**8**) und Amphitheater (**9**); vom*
abschließenden „Thingplatz" auf
*dem Petrisberg (**10**) zurück zum*
Hauptbahnhof.

Parallel dazu äußerte sich im Oktober 1934 der Beigeordnete Schmidt zu seinen städtebaulichen Vorstellungen, die er anknüpfend an den von ihm entwickelten Generalplan unter den Ansprüchen der ‚neuen' Zeit mit weiteren großen, teils monumentalen Bauplänen aktualisiert hatte. Unter dem Namen „Denkmälerschau" solle ein entsprechender Besichtigungsweg eingerichtet werden [**Abb. 8**]. Dieses Projekt wollte Schmidt nun mit einem *„weiteren großen Plan"* ergänzen, bei dem eine bauliche Neuausrichtung des gesamten Moselufers in Angriff genommen werden sollte.

Ebenfalls im Spätjahr 1934 entstand in der Palastkaserne ein *„Riesenmodell"* der „Via archaeologica", mit dessen Anfertigung Apffelstaedt den „Kunstbildhauer" Sylvester Scholz aus Düsseldorf beauftragt hatte. In nur fünf Monaten schuf dieser ein hölzernes Modell mit allen römischen und mittelalterlichen Baudenkmälern der Innenstadt im Maßstab 1:200. Der monumentale Eindruck des Modells war gewünscht, die Dimensionen waren entsprechend: bei 8,50 m Länge und bis 2,50 m Breite umfasste es eine Fläche von 16 m² [**Abb. 9**].

9
Trier. Modell der Via archaeolo-
gica von Sylvester Scholz.
a *Ansicht von Norden:*
Die Altstadt mit der Porta Nigra
rechts im Vordergrund, der
Simeonstraße bis St. Gangolf,
links davon der Dom, dahinter
links die Basilika und der Palast-
komplex.
b *Ansicht von Südosten:*
Im Vordergrund links die Kaiser-
thermen, rechts das Landes-
museum und der Palastkomplex
für das geplante Großmuseum:
das Hauptschloss mit der Rokoko-
Fassade, dahinter links die
Basilika, rechts der Marstall als
Teil des Niederschlosses.

Im Rahmen seines Generalplans sah Apffelstaedt als *„vierte große Aufgabe"* – nach der Reorganisation des Kulturdezernats, der Neugestaltung des Bonner Landesmuseums und dem Beginn des Ausgrabungsprogramms der Vorgeschichte – *„den Plan betreffend die Stadt Trier"*. Das große Potenzial der von Schmidt skizzierten Denkmälerstraße übernahm er unter ausdrücklicher Einbeziehung des Großmuseums im Palast. Zur Namensprägung der „Via archaeologica" von Krüger ergänzte er „triumphalis" und beschrieb damit das *„Gesamtbild [...] einer Via triumphalis archaeologica, wie sie in dieser Geschlossenheit und Größe und in dem Zusammentreffen von ragenden Bauten und museal angesammeltem Kunstgut einer Landschaft nördlich der Alpen ihresgleichen nicht finden wird"*. Da man beim Großmuseum bislang kaum über Ansätze hinausgekommen sei, wolle nun *„das Problem Trier in seiner Totalität"* in einer auf *„acht Jahre laufenden Gesamtplanung"* abgeschlossen haben.

Nach der ersten Ankündigung 1935 konnte Apffelstaedt schon im Jahr darauf berichten, dass der erste Abschnitt der Arbeiten als „Sofortprogramm" beginnen könne, da es durch Zusagen von Reich, Staat und Provinz finanziell gesichert sei. Es sollten folgende Maßnahmen in Angriff genommen (und von den jeweils zuständigen Seiten unterstützt) werden:

• die Umgestaltung der Umgebung der Porta Nigra (Stadt und Staat),
• die Restaurierung des Simeonstifts (Stadt und Provinz),
• die Wiederherstellung des „alten deutschen Stadtbildes" in Simeonstraße und Hauptmarkt (Stadt und Provinz),
• die Ausgestaltung des Palastplatzes von einem Exerzier- und Sportplatz zu einer Gartenanlage mit einem Aufmarschplatz; allerdings verbunden mit dem ebenso lakonischen wie deutlichen Hinweis: *„archäologische Untersuchungen sind nicht vorgesehen"* (Stadt und Provinz).

Diese überschaubaren Maßnahmen wurden bis 1939 im Wesentlichen umgesetzt. Die darüber hinaus gehenden großen Planungen verblieben aber im Entwurfsstadium:

• die Umgestaltungen an Kaiserthermen und Amphitheater (Staat und Stadt),
• ein Neubau der Stadtbibliothek neben dem Palast (ausschließlich in städtischer Regie).

Der „Große Trier-Plan" war sowohl in der Absicht der Stadt als auch in der Zielsetzung der Provinz ein ambivalenter Plan. Dabei ging es beiden Seiten zwar auch um Kulturgüter, Baudenkmäler und Museumsschätze. Doch die politischen Entscheider hatten anderes im Sinn. Der planmäßige Ausbau der Denkmäler und Sammlungen sollte unter den Vorzeichen einer nationalsozialistischen Kulturpolitik der intensiven Förderung des Fremdenverkehrs dienen und damit der erhofften neuen großen Einnahmequelle der Stadt, nachdem das Militär als bis dahin wichtigster Wirtschaftsfaktor seit 1930 völlig ausgefallen war. Publikumswirksam manifestierten sich die öffentlich gemachten Planungen der Jahre 1934 und 1935 im monumentalen „Riesenmodell" der „Via archaeologica triumphalis", dem Abbild von Apffelstaedts „Großem Trier-Plan".

Den größten Komplex des Trier-Planes stellte der vorgesehene Umbau der Palastkaserne zu einem Großmuseum dar. Hier sollte nach den markigen Worten Apffelstaedts *„von der Vorgeschichte bis in die Neuzeit, den Kampf der Bewegung hinein, in museal vorbildlicher Schau die kulturelle und künstlerische Leistung des Moselraumes nach großen kulturpolitischen Gesichtspunkten zu geschlossener Gesamtschau vereinigt"* werden.

Zur Entwicklung neuer Planungen für das Museumsprojekt benötigte Apffelstaedt personelle Unterstützung. 1934 wurde der Kunsthistoriker Hans Eichler als wissenschaftlicher Hilfsarbeiter von der Provinzialverwaltung am Provinzialmuseum angestellt [**Abb. 10**]. Damit füllte er einerseits eine fachliche Lücke, denn die Wissenschaftler am Museum waren allesamt Archäologen; andererseits war Eichler von Anfang an Apffelstaedts ‚Mann in Trier'. Schon am 24. April 1934 verfasste Eichler eine „Denkschrift über den Plan eines Großmuseums in Trier". Noch galt als das vorgegebene Ziel die Zusammenfassung des nachantiken (also nicht-archäologischen) Museumsgutes von Stadt, Provinz, Staat und Kirche. Die Präsentation sollte nach inhaltlichen Gesichtspunkten unter Wahrung der jeweiligen Eigentumsrechte erfolgen, eine geschlossene Aufstellung der jeweils eigenen Bestände käme nicht in Frage. Die aktuellen politischen Entwicklungen spielten mit ihren ideologischen Vorstellungen nun auch in die Museumskonzeption hinein. Bei der grundlegenden Neueinrichtung des Museums *„ergeben sich aus dem Geist der Gegenwart besondere Verpflichtungen: Es ist hier Gelegenheit, von vorneherein das nationalsozialistische Gedankengut mit in den Aufstellungsplan einzubauen".* Abschließend wird scheinbar lapidar mitgeteilt, dass zurzeit zwar keine Absicht bestehe, die umfangreichen archäologischen Sammlungen des Provinzialmuseums in das Großmuseum einzubeziehen. Doch sollte *„eine grundsätzlich neue Museumspolitik in Trier"* diese Frage stellen. Würde sie bejaht, dann könnte es nur eine Auswahl sein, aber dann *„unter großen Leitgedanken ähnlich denen der neueren Abteilungen".*

10

Hans Eichler, Kunsthistoriker und Assistent am Rheinischen Landesmuseum Trier.

Gegenüber der Stadt erläuterte Apffelstaedt in einer Besprechung mit dem Oberbürgermeister Christ und dem Beigeordneten Schmidt am 30. Mai 1934 seine neuen Vorstellungen. Das Palastmuseum sollte nun als Schausammlung aller Epochen eingerichtet werden! Damit änderte er in einer zentralen Frage den bisherigen Standpunkt der Provinz, nur Mittelalter und Neuzeit zeigen zu wollen. Zugleich betonte er, dass der Provinzverwaltung als dem stärksten Partner das entscheidende Gewicht zukommen müsse: das neue Palastmuseum solle mit dem bisherigen Provinzialmuseum von der Provinz betrieben werden und der künftige Generaldirektor müsse der Leiter aller Museen sein.

Im Anschluss an die Unterredung Apffelstaedts mit den Vertretern der Stadt Trier aktualisierte Eichler die Denkschrift vom 24. April mit einem „Plan für den Aufbau einer Schausammlung der vorgeschichtlichen, römischen und fränkischen Altertümer in einem Trierer Großmuseum", da nun eine Schausammlung aller Epochen gewünscht sei.

Neben der Einbeziehung der städtischen Sammlungen erwarte-
te man auch in Bezug auf die kirchlichen Kunstschätze eine Lösung
im Zusammenhang mit der Zukunft der Palastkaserne. Seitens der
bischöflichen Behörde bestand nach dem erkennbar zögerlichen Ab-
warten zu Anfang der 1930er Jahre inzwischen eine ausgesprochene
Bereitschaft, sich am Großmuseum zu beteiligen. Vor den Verhand-
lungen zwischen Apffelstaedt und den Vertretern von Domkapitel und
Bistum im Herbst 1934 hatte Irsch seine Vorstellungen von der Position
der kirchlichen Seite in einer internen Notiz formuliert, die bereits die
zweigeteilte Struktur der grundlegenden Vorstellungen Apffelstaedts
aufnahm. Irsch setzte also darauf, in den großzügigen Räumlichkeiten
der Palastkaserne die Sammlungen von Dom und Bistum unter seiner
Leitung als Ganzes präsentieren zu können, und teilte Apffelstaedt
mit, in diesem Rahmen *„die Zustimmung des H. H. Bischofs und des Domka-
pitels erlangt"* zu haben.

Apffelstaedt hatte aber andere konzeptionelle Vorstellungen und
hielt es für erforderlich, eine Auswahl aus den kirchlichen Sammlungen zu treffen, dabei aber drei Viertel der Bestände als Studiensamm-
lung in den bisherigen Räumlichkeiten am Domkreuzgang zu belassen. Andererseits waren für eine angemessene Darstellung der mittelalterlichen Architektur und Plastik die kirchlichen Sammlungen
unverzichtbar. Für die bischöfliche Seite war aber die eigenständige
Präsentation ihrer vollständigen Sammlung, und zwar unter eigener
Leitung, nicht verhandelbar. Daher lehnten Bischof und Domkapitel
ab, sich an einer *„auswählenden kunst- und kulturpolitischen Schau"* zu beteiligen.

Am 1. Oktober 1935 wurde der Klassische Archäologe Wilhelm v.
Massow **[Abb. 11]** zum neuen Direktor des Landesmuseums berufen. Er
war seit 1926 in Berlin als Kustos an der Antikensammlung der Staatlichen Museen tätig, wo ihm die Neueinrichtung des Pergamonmuse-
ums anvertraut war. Mit den Trierer Verhältnissen war er als Bearbei-
ter der berühmten Neumagener Grabmäler vertraut; die maßgebliche
Publikation aus seiner Feder war erst kurz zuvor, 1932, erschienen.
Er war der Wunschkandidat Apffelstaedts für die Leitung des Trierer
Landesmuseums und damit zugleich für die Gründung des geplanten
großen Museums in der Palastkaserne.

1936-1943: AUFBAU – Die Realisierung des Großmuseums im Kurfürstlichen Palast

Am 7. April 1936 kam es zum Abschluss des Vertrages zwischen Stadt
und Provinz. Die Interessen der Stadt wurden insbesondere vom Beigeordneten Schmidt und seinen neuen Mitarbeitern, Museumsdirektor
Walter Dieck und Stadtbibliotheksdirektor Alexander Röder, formuliert. Nun zeigte sich, dass Apffelstaedt keineswegs alle 1934 gegenüber der Stadt erhobenen Forderungen durchsetzen konnte. Geregelt
wurde nun eine Zusammenfassung, aber nicht mehr die Vereinigung

11
*Wilhelm v. Massow,
Direktor des Rheinischen
Landesmuseums Trier.*

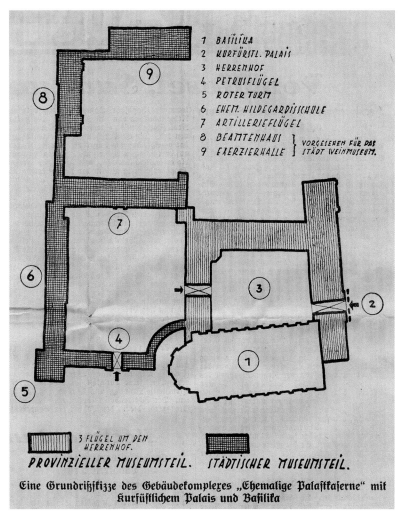

1 BASILIKA
2 KURFÜRSTL. PALAIS
3 HERRENHOF
4 PETRUSFLÜGEL
5 ROTER TURM
6 EHEM. HILDEGARDISSCHULE
7 ARTILLERIEFLÜGEL
8 BEAMTENHAUS
9 EXERZIERHALLE } VORGESEHEN FÜR DAS STÄDT. WEINMUSEUM.

3 FLÜGEL UM DEN HERRENHOF.

PROVINZIELLER MUSEUMSTEIL. STÄDTISCHER MUSEUMSTEIL.

Eine Grundrißskizze des Gebäudekomplexes „Ehemalige Palastkaserne" mit kurfürstlichem Palais und Basilika

12
Trier, Kurfürstlicher Palast.
Skizze der ehemaligen Palast-
kaserne mit Nebenbauten vor
dem Umbau zum Großmuseum.

der Sammlungen beider Seiten. Die Räumlichkeiten wurden so aufge-
teilt, dass die drei an die spätantike Basilika anstoßenden Flügel um
den Herrenhof des Hauptschlosses an die Provinz kamen und die drei
Flügel des benachbarten Niederschlosses um den Petrushof der Stadt
zufielen [Abb. 12]. Damit blieb die Selbstständigkeit beider Museen in
Bezug auf Eigentumsrecht und verantwortliche Leitung erhalten. Infolge der fehlenden organisatorischen Einheit wurde die eigentlich
notwendige fachliche Zusammenarbeit faktisch ersetzt durch eine
schlichte Abgrenzung der Zuständigkeiten nach Epochen: die Zeit bis
1500 (also von der Vorgeschichte über die Römerzeit bis zum Ausgang
des Mittelalters) oblag dem Landesmuseum, ab 1500 (damit die gesam-
te Neuzeit) dem Städtischen Museum. Schließlich ging das Eigentumsrecht am Palast von der Stadt an die Provinz über, die damit auch die
Baulasten übernahm.

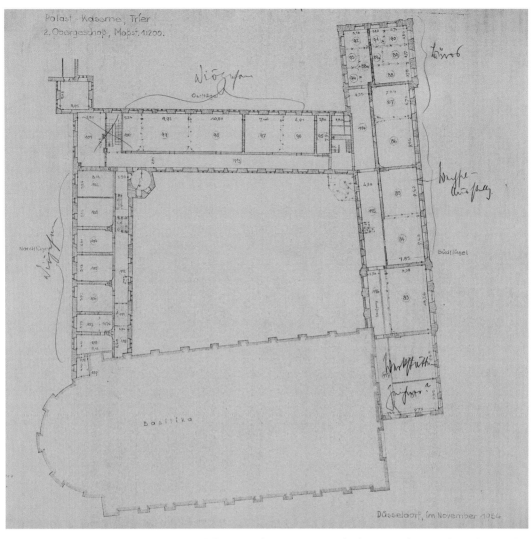

13

*Trier, Kurfürstlicher Palast.
Plan des 2. Obergeschosses
mit Raumreservierung für
„Diözesan[museum], Büros,
Wechselausstellung, Werk-
stätten, Zeichner" in der Handschrift v. Massows, ca. 1936.*

Im Anschluss an den Vertrag zwischen Provinz und Stadt wandte
sich Museumsdirektor v. Massow am 8. Mai 1936 direkt an den Bischof
von Trier. Da sich die beiden verbliebenen Vertragspartner auf eigenständige Museumsbereiche innerhalb des Palastgebäudes verständigt
hatten, versuchte er, doch noch eine Einbeziehung der kirchlichen
Sammlungen in das künftige Großmuseum zu erreichen. Nun bot
man der bischöflichen Seite an, was zwei Jahre zuvor noch nicht möglich schien: das Diözesanmuseum könne als Ganzes, in eigenen Räu-
men und mit eigener Verwaltung unter Leitung des Bischofs am Großmuseum teilnehmen. Vorgesehen war die Überlassung von Nord- und
Ostflügel des 2. Obergeschosses [Abb. 13]. Mitte 1936 erging jedoch der
ablehnende Beschluss von Bischof und Domkapitel: die kirchlichen
Kunst- und Kulturschätze sollten in religiöser Umgebung verbleiben,
es sei beabsichtigt, *„die Räume des kirchlichen Museums bedeutend zu erwei-
tern"* und *„von einer Eingliederung ins Großmuseum abzusehen"*.

14
Trier, Kurfürstlicher Palast.
Offizieller Beginn des Umbaus
zum Großmuseum.
Landeshauptmann Haake
begrüßt Parteifunktionäre und
Vertreter der Öffentlichkeit.
Mitte rechts, in heller SA-Uniform,
Kulturdezernent Apffelstaedt.

Am 10. November 1936 erfolgte mit dem *„ersten Hammerschlag"* der offizielle Baubeginn am „Großmuseum der Westmark", zweifellos dem zentralen Element des „Großen Trier-Plans". An der Veranstaltung nahmen zahlreiche Persönlichkeiten des öffentlichen Lebens teil [Abb. 14], aber nicht der Bischof von Trier. In den in der Tagespresse wiedergegebenen Ansprachen wurden die unterschiedlichen Auffassungen von Stadt und Provinz nicht thematisiert, ebenso wenig die Nichtbeteiligung der Kirche. Die inhaltlichen und organisatorischen Differenzen wurden vielmehr mit allgemein gehaltenen Aussagen überdeckt.

Für die Umsetzung der Apffelstaedt'schen Planungen erschien es nun als großer Erfolg, dass schon ein halbes Jahr nach Vertragsunterzeichnung die Umbaumaßnahmen im Palast mit einem offiziellen Festakt eingeleitet wurden. Selbstbewusst bewertete Apffelstaedt die Unternehmung als *„die größte museale Planung seit der Machtübernahme in Deutschland".* Geschickt zog er weiter alle Register nationalsozialistischer Propagandarhetorik. Das Großmuseum würde einen *„Überblick von der Vorzeit an bis in die Tage der Bewegung hinein"* bieten und eine *„Schau der durch Jahrtausende sich hinziehenden siegreichen Abwehr des Deutschtums gegen den Westen"* sein. Auf geplante Details der Ausgestaltung des Museums eingehend versprach er gar, *„daß es auch einen Saal des verbrecherischen Separatismus erhalten werde und als Abschluß einen Saal der ewigen deutschen Treue".* Schließlich kam er nochmals auf die besondere kulturpolitische Bedeutung des Großmuseums zu sprechen, das ein *„Bollwerk deutscher Kultur gegen den Westen"* würde, und stellte die zügige Fertigstellung bis 1939 in Aussicht.

15
Treveris ermahnt die Verantwortlichen: „Bitte fangen Sie an!“ Grusskarte der Karnevalsgesellschaft „Heuschreck“, 1937.

Seit den ersten öffentlichen Äußerungen zu den diversen Planungen für Trier – sei es dem „Generalbauplan“ der Stadt, sei es dem „Großen Trier-Plan“ der Provinz – waren schon etliche Jahre vergangen, als an Fastnacht 1937 eine Zeichnung kursierte, in der die personifizierte Stadtgöttin Treveris eine Schar von Bauarbeitern ermahnt, doch endlich die vielen, seit Langem geplanten Projekte umzusetzen, darunter das „Großmuseum“, die „Hochschule für Lehrerbildung“ als Stadtkrone oder die neue „Stadtbibliothek“ [**Abb. 15**].

In der Stadtverwaltung war der Beigeordnete Schmidt in der Museums- und Denkmalpolitik der 1930er Jahren zweifellos die wichtigste Persönlichkeit. Vor Ablauf seiner zwölfjährigen Amtszeit Ende April 1939 wandte sich Schmidt an die Öffentlichkeit, wohl um seine Ausgangslage für eine zweite Wahlperiode zu verbessern. Hier wurde – in deutlicher Anlehnung an die Formulierung Apffelstaedts – „Der große Trierer Plan“ aus der Sicht der Stadtverwaltung präsentiert, das Großmuseum als „Museum der Westmark“ bezeichnet, in dessen Zusammenhang nicht nur das Städtische Museum, sondern auch die Stadtbibliothek mit ihrem für 1939 geplanten Neubau einzubeziehen sei. Aktuelle Bezüge zur herrschenden Parteidoktrin ergaben sich da, wo Schmidt aus einer von ihm und seinen Mitarbeitern Dieck und Röder verfassten Denkschrift von 1935 die wesentlichen Leitsätze der Vermittlung zitiert: *„Für alle erzieherischen Ueberlegungen beim Aufbau gilt die nationalsozialistische Weltanschauung als Richtschnur […]. Ziel der gesamten Museumsarbeit muß sein, […] Anteilnahme an den lebendigen Werten der Vergangenheit Triers und seiner deutschen Mission zu wecken, den Nationalstolz zu stärken und das Gefühl der Bodengebundenheit unserer Kultur zu vertiefen“*. Schmidt und seine Mitstreiter entwickelten allerdings mehr Ideen und teilweise auch variierende Vorstellungen, als dass ihnen eine nachhaltige Umsetzung gelungen wäre.

Dieser „Große Trierer Plan", den Schmidt im Namen der Stadt vertrat, hatte einerseits Gemeinsamkeiten mit dem Konzept der rheinischen Kulturverwaltung, setzte aber andererseits erkennbar andere Schwerpunkte. Insbesondere die städtebaulichen Ambitionen Schmidts waren nicht Teil der Pläne von Apffelstaedt. Man wird nicht fehlgehen in der Annahme, dass die Benutzung von NS-Terminologie durch Schmidt auch dem Zweck einer opportunistischen Anbiederung an die Machthaber gedient haben dürfte, doch hat das Schmidt insofern nicht genutzt, als seine Amtszeit als Beigeordneter der Stadt Trier nicht verlängert worden ist.

1938 wurde der erste Abschnitt des neuen Städtischen Museums im Erdgeschoss des Marstalls mit einer Ausstellungshalle für Wechselausstellungen und dem Vortragssaal fertiggestellt und dazu eine Sonderausstellung zum Thema „Trier – Landschaft und Geschichte" gezeigt. Im Foyer präsentierte man eine neue 2,55 m hohe Adlerskulptur des Bildhauers Paul Siegert in dem bei den NS-Größen beliebten martialischen Stil. Daneben hingen kartographische Darstellungen, die die Grenzlage Triers in völkisch akzentuierter Weise darstellten, was auch die dem Anlass gewidmeten Presseberichte widerspiegeln. Außer dem Städtischen Museum und der Stadtbibliothek war auch das Landesmuseum beteiligt [**Abb. 16**], dessen Ausstellungssäle seit 1937 zur Vorbereitung der künftigen Neuaufstellung im Palast geschlossen waren. Im Vorgriff auf das Großmuseum konnte eine Auswahl an Schätzen aus allen Sammlungsteilen gezeigt werden.

16
*Trier. Marstall des
Kurfürstlichen Palastes.
Sonderausstellung „Trier – Landschaft und Geschichte", 1938.
Saal mit archäologischen Funden
des Landesmuseums. Von links:
Herme aus Welschbillig, eisenzeitliche Grabfunde aus der Region,
Pachtzahlungsrelief aus Neumagen.*

Die Palastkaserne erwies sich als komplizierte Baustelle. Zwar war sie einerseits als barockes Stadtschloss der Kurfürsten ein wichtiges Baudenkmal, dessen Denkmalwert aber fast nur noch in den Außenfassaden und dem noch erhaltenen Prunktreppenhaus zu bestehen schien. Zudem war das Innere durch die Kasernennutzung so beschädigt, dass nur durch die großangelegte Auskernung und die Einbringung von 15 m hohen Stahlgerüsten die für den Museumszweck erforderliche Deckenstabilität in drei Stockwerken gewährleistet werden konnte [**Abb. 17**]. Andererseits führten die Abriss- und Umbauarbeiten auch zu unerwarteten Entdeckungen, wie einem Deckengemälde im kurfürstlichen Schlafzimmer oder originalem römischem Verputz im Bereich der Basilika-Apsis.

Bei Aufenthalten in Trier suchte Apffelstaedt regelmäßig die Baustelle des werdenden Großmuseums auf. Er griff auch in Fragen der Denkmalpflege und der Bauleitung ein, wenn er befürchtete, dass die Zeitpläne gefährdet sein könnten. Als Sachwalter der Pläne der rheinischen Kulturverwaltung vor Ort wurde der Trierer Museumsdirektor zunehmend die wichtigste Person für die Realisierung des Großmuseums. Die sich in Trier bietende Chance, ein zweites Mal ein großes Museum aufzubauen, und – anders als zuvor in Berlin – jetzt in der maßgeblichen Funktion des leitenden Direktors, stellte für v. Massow eine fachliche Herausforderung dar, der er sich mit großem Elan zuwandte.

Die programmatischen Äußerungen Apffelstaedts in der Phase der Durchsetzung seiner Pläne bis zum Baubeginn 1936 waren von kulturpolitischen Zielsetzungen im Sinne der NS-Ideologie geprägt. Demgegenüber orientierten sich die konzeptionellen Überlegungen v. Massows an wissenschaftlichen und museumspraktischen Gesichtspunkten. Von vorstrukturierten Leitthemen und kulturpolitischen Vorgaben ist nurmehr am Rande und im allgemeinen Sinne die Rede. Kein Zweifel besteht daran, dass v. Massow und seine Mitarbeiter stolz darauf waren, das künftige Trierer Landesmuseum *„als die größte und zeitnaheste museale Neuschöpfung des Reiches"* unter ihrer Mitwirkung entstehen zu sehen.

Trotz Kriegsausbruch, Brandschutz- und Evakuierungsmaßnahmen war bis zum Sommer 1942 die Raumaufteilung im Südflügel fertiggestellt [Abb. 18]. Im Vorjahr entdeckte barocke Wandmalereien und Stuckaturen, aber auch die Deckenmalerei im ehemaligen kurfürstlichen Schlafzimmer, konnten mit aufwendigen Restaurierungen wiederhergestellt werden. Dieser Raum sollte das Direktorzimmer des Palastmuseums werden. Das Obergeschoss des Städtischen Museums im Marstall war inzwischen sogar bezugsbereit, zur Einrichtung der geplanten Dauerausstellung kam es aber nicht mehr. Insgesamt war der Rohbau des geplanten Großmuseums bis Ende 1942 im Wesentlichen abgeschlossen. Der durch die Kriegsumstände verlangsamte Fortgang der Bauarbeiten führte allerdings dazu, dass konkrete Planungen für die Aufstellung der Schausammlung des Landesmuseums im Palast zugunsten von Sicherungsmaßnahmen zurückgestellt wurden.

18
Trier, Kurfürstlicher Palast. Außenansicht des zum Großmuseum umgebauten Komplexes, 1942.

Im Mai 1942 legte v. Massow einen Aufstellungsplan für die drei Stockwerke im Hauptschloss vor, der einerseits das vorhandene Schwergewicht der römischen Sammlung gegenüber Vorgeschichte und Mittelalter widerspiegelt, andererseits aber keine kulturpolitische Ausrichtung im Sinne des Nationalsozialismus erkennen lässt. Die Bearbeitung sowohl der vorrömischen als auch der nachantiken Zeit kann nur als summarisch bezeichnet werden, da die Zuarbeiten der zum Kriegsdienst eingezogenen Fachkollegen fehlten. Der vorgesehene Rundgang war – entgegen den früheren Überlegungen zur Unterscheidung von kunst- und kulturgeschichtlichen Abteilungen – in sich geschlossen und, wie in archäologischen Epochen üblich, nach der Chronologie der Kulturstufen geplant. Die Vorgeschichte konnte erwartungsgemäß das Erdgeschoss gar nicht ausfüllen, sodass die drei letzten Säle bereits für die Romanisierung der Treverer vorgesehen waren. Im ersten Obergeschoss folgte die Fülle der Denkmäler aus der Römerzeit [Abb. 19]. Im Festsaal war ein großes Mosaik vorgesehen, im großen Treppenhaus sollten die Hermen aus Welschbillig ihre Aufstellung finden. Das zweite Stockwerk sollte das – eigentlich noch der Antike zuzurechnende – frühe Christentum sowie Frankenzeit und Mittelalter beherbergen. Der trotz einer Reihe von Neuerwerbungen trierisch-lothringischer Kunstwerke immer noch recht magere eigene Sammlungsbesitz aus Romanik und Gotik sollte durch Codices der Stadtbibliothek ergänzt werden.

In dieser projektierten Raumverteilung und den vorgesehenen Denkmälern sind – entgegen den Planungen der frühen 1930er Jahre – keine NS-Phraseologie und nur wenige dem Zeitgeist angepasste Formulierungen wie *„eindringende Römer"* oder *„Eindringen des neuen landfremden Elements"* zu finden. Die umfassende Präsentation der Römerzeit wird dieser Epoche mit ihrem in Qualität und Quantität der Sammlungen herausragenden Stellenwert in jedem Fall gerecht.

Das unfertige Großmuseum und seine vielen Namen

Ebenso wie das Großmuseum im Kurfürstlichen Palast nie seiner Bestimmung übergeben werden konnte, so gab es auch nie einen offiziellen Namen. Für das geplante Haus sind in den 1930er und 1940er Jahren infolgedessen etwa 20 verschiedene Notnamen und Varianten als Bezeichnung benutzt oder zumindest als Umschreibung verwendet worden. Tatsächlich ist „Großmuseum" seit dem Vortrag von Irsch die am häufigsten verwendete Bezeichnung – vielleicht weil sie ebenso dem zum Monumentalischen neigenden Anspruch des Zeitgeistes entsprach, wie sie durch inhaltliche Neutralität Spielraum für die Ausgestaltung beließ.

1930   Deutsches Heimatmuseum (für den Grenzbezirk) Trier
1933   Grenzlandmuseum
1933   Palastmuseum
1933   Großmuseum
1933   Lothringisches Grenzland-Museum in Trier
1933   Museum deutscher Kunst und Kultur
1933   Zentralmuseum
1934   Deutsches Museum (des Westens)
1935   Deutsches Grenzlandmuseum Trier
1935   Kunstgeschichtliche Schau über die Jahrtausende /
         Kulturgeschichtliche Schau des nachrömischen deutschen Trier
1936   Deutsches Museum der Westmark
1936   (Groß)museum der Westmark
1938   Landesmuseum des Westmarkgaus
1938   Museum der deutschen Westmark
1938   Westmarkmuseum
1941   Landesmuseum des Gaues Koblenz-Trier
1942   Moselfränkisches Landesmuseum
1943   Landesmuseum Moselfranken

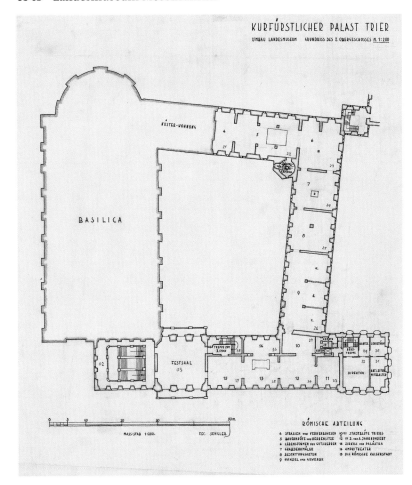

19
Trier, Kurfürstlicher Palast.
Plan des 1. Obergeschosses mit
der Römischen Abteilung, 1942.

1944-1945: ZERSTÖRUNG – Das Großmuseum in Trümmern

Ab Sommer 1944 wurde auch die Stadt Trier zunehmend von den Aus-
wirkungen des Krieges bedroht. Vorbeugenden Evakuierungen und
anderen Sicherungsmaßnahmen zum Trotz gerieten auch die Museumssammlungen, denen im Kurfürstlichen Palast dauerhaft eine ad-
äquate Unterbringung zugedacht war, in die Gefahr der Zerstörung.

Am 14. August 1944 wurde bei einem Luftangriff der Palast schwer
getroffen. Die Dachstühle verbrannten, aber die neuen Decken mit
den Stahlkonstruktionen hielten stand. Bei weiteren Bombenangriffen
am 19. und vor allem am 21. Dezember 1944 wurde der Palast erneut
getroffen, doch die Betondecken schützten noch immer die im Erdgeschoss bereits untergebrachte und gesicherte Auswahl von Steindenk-
mälern sowie die im Keller geborgenen Kunstwerke samt der Bibliothek. Eine Ironie des Schicksals war es, dass der grundlegende Umbau
des Palastes zu einem Museum die dort evakuierten Sammlungsteile
vor ihrer Vernichtung bewahrt hat, das Gebäude selbst aber im Bom-
benhagel schwer beschädigt wurde [Abb. 20].

Zieht man ein Fazit, so war der rheinische Kulturdezernent Apffelstaedt die maßgebliche Person für die Umsetzung des „Großen
Trier-Plans" mit dem Großmuseum als dem zentralen Element. Dabei
handelte es sich um ein Leuchtturmprojekt der nationalsozialistischen
Profilierung der rheinischen Kulturpolitik. Dennoch bleibt festzuhalten, dass alle vorgestellten Ideen – der Trier-Plan, die Via archaeologica
und das Palastmuseum – nicht von Apffelstaedt selbst stammten. Aber
er hatte ihr kulturpolitisches Potenzial erkannt und wollte dieses zu
quasi monumentaler Größe erheben.

Der „Große Trier-Plan" war als „Generalbauplan" zunächst eine Idee
des städtischen Beigeordneten Schmidt, die dieser seit 1928 entwickelt
hatte, von der aber bis 1935 nichts umgesetzt war. Ein „Großmuseum"
zur Konzentration der musealen Sammlungen im Palast klang bereits
bei Schmidt an. Dabei lag der Gedanke eigentlich ,in der Luft': in seinen fachlichen Aspekten ist er auf die Trierer Museumsleiter – Kutzbach, Krüger und Irsch – zurückzuführen, wobei diese Anregung in
der rheinischen Museumskommission ein positives Echo fand. Aber
auch von dieser Idee war 1933 noch nichts verwirklicht. Nichts anderes ist bei der Betrachtung des touristischen Rundwegs festzustellen:
Die „Via archaeologica" manifestierte sich bereits 1934 in der begriff-
lichen Prägung durch Krüger; zur gleichen Zeit wurde sie von städtischer Seite durch Schmidt als „Denkmälerschau" propagiert.

20
*Trier, Kurfürstlicher Palast.
Zustand nach den Kriegs-
zerstörungen, 1948.*

Gegenüber den Vertretern dieser inspirierten Ideen und vorläufigen Pläne trat Apffelstaedt als erfahrener Machertyp auf, der seine kulturpolitischen Ziele im Stil eines ‚Marsches durch die Institutionen‘ mit anschließendem autoritärem Durchregieren verfolgte. Zweifellos besaß er einen klaren Blick für die Qualität von Kulturprojekten und wusste als promovierter Kunsthistoriker mit bester akademischer Ausbildung um wissenschaftliche Kompetenz als Grundlage jeder Kulturarbeit. Dazu verfügte er über politische Durchsetzungsfähigkeit und war als langjähriger hochrangiger Parteifunktionär aufgrund seiner Verbindungen in die Spitzen von Partei und Verwaltungen in der Lage, die erforderlichen Finanzmittel zu beschaffen und sich auch gegenüber den Vorstellungen der Stadt zu behaupten. Von wesentlicher Bedeutung erscheint seine Fähigkeit zur qualifizierten Personalacquise.

Die Zusammenführung der touristischen Denkmälerstraße und die Konzentration der musealen Sammlungen im Konzept des „Großen Trier-Plans" mit einer politisch flankierten und administrativ zunächst erfolgreichen Umsetzung – das war das Werk von Apffelstaedt. Dafür adaptierte er den gefälligen Fachausdruck der „Via archaeologica" und erweiterte ihn um „triumphalis" zum plakativen Gesamtbegriff der „Via triumphalis archaeologica".

Doch der Erfolg blieb aus: Denn der Nationalsozialismus und das Dritte Reich, die in den 1930er Jahren ein Projekt von den Dimensionen des „Großen Trier-Plans" überhaupt erst ermöglichten, schufen zugleich den Abgrund, in dem das ganze Werk untergegangen ist.

1946-1949: NACHKLANG – Denkschrift und Wiederaufbau

Im September 1945, mitten im zerstörten Trier, richtete v. Massow eine „Denkschrift über die Trierer Museen" an den Regierungspräsidenten. Er hielt die ursprünglichen Pläne einer räumlichen und organisatorischen Zusammenfassung aller fünf Kunstsammlungen in der Stadt nach wie vor für eine museologisch überzeugende Idee. Diese Denkschrift war der letzte, man ist geneigt zu sagen: verzweifelte, Versuch, die Idee des Großmuseums als zentrales Haus zur Ausstellung der Trierer Kunstschätze zu retten. Doch fand dieser Vorschlag bei den Verantwortlichen in Stadt und Land, aber auch der Trierer Kirche, keine Unterstützung mehr.

Die Stadt hatte in der frühen Nachkriegszeit mit dem Wiederaufbau einer lebensnotwendigen Infrastruktur andere Probleme, als sich um die Vollendung eines im verlorenen Krieg gescheiterten Kulturprojekts zu kümmern. Das Städtische Museum erhielt schließlich zunächst provisorisch, dann dauerhaft im 1958 wiederhergestellten Simeonstift ein neues Domizil. Auch die Vertreter der Trierer Kirche, Bischof und Domkapitel, hatten sich bereits darauf verständigt, ihr neues Museum zügig und in eigener Verantwortung zu errichten. Es sollte 1952 in einem eigenen Haus im ehemaligen Banthus-Seminar am Rande des Domviertels für die kommenden fast vier Jahrzehnte seinen Platz finden – gegenüber dem alten Palast auf der anderen Seite der Mustorstraße. Nur die Leitung des Landesmuseums – bis September 1947 v. Massow, danach der zunächst kommissarische Direktor Hans Eiden – versuchte bis Anfang der 1950er Jahre, am zerstörten Palast als Gebäude für die Schausammlung des Landesmuseums festzuhalten.

Schließlich erfolgte der 1956 abgeschlossene Wiederaufbau des ehemaligen kurfürstlichen Schlosses durch das neue Bundesland Rheinland-Pfalz nicht mehr als Museum, sondern für einen „nützlicheren Zweck" – als Verwaltungssitz der staatlichen Bezirksregierung. Damit war die an sich großartige Idee eines modernen Trierer Zentralmuseums endgültig nur noch Geschichte.

Nachsatz

Im August 1816 – 120 Jahre vor dem Vertrag von 1936 über das Großmuseum in der Palastkaserne zwischen Rheinprovinz und Stadt Trier – kam dem preußischen Staatsarchitekten Karl Friedrich Schinkel bei einem Besuch in Trier bereits der Gedanke, den Kurfürstlichen Palast für alle hiesigen Sammlungen umzubauen:

„Das Schloß mit einer prachtvollen Treppe und einem hohen Saal [...] ist für das Antikenmuseum, Bibliothek und Naturalienkabinett mit Leichtigkeit einzurichten, wodurch ein großes Interesse der Stadt gegeben würde [...]".

(Karl Friedrich Schinkel. Lebenswerk. Die Rheinlande.
Bearb. von E. Brües, Berlin 1968, 410).

Quellen und Literatur

Die für die Bearbeitung des Themas eingesehene umfangreiche archivalische Überlieferung findet sich in folgenden Instituten, deren Mitarbeitern für ihre Unterstützung zu danken ist: Archiv des Landschaftsverbands Rheinland, Pulheim-Brauweiler (Rudolf Kahlfeld und Wolfgang Schaffer); Bistumsarchiv Trier (Monica Sinderhauf); Stadtarchiv Trier (Bernhard Simon) sowie Rheinisches Landesmuseum Trier, Museumsarchiv. Ergänzend dazu wurden einschlägige Zeitungsartikel der 1930/40er Jahre, vor allem der Lokalpresse, benutzt. – Für Hilfe vielfältiger Art bei der Erschließung der Archivalien danke ich Karl-Günther Burg (Mertesdorf), Peter Luy (Wadern) und Franziska Schmitz (Kordel). Jutta Albrecht und Dorothee Henschel sei für die Vermittlung von Abb. 15 gedankt.

In der Literatur sind das Trierer Großmuseum und die damit zusammenhängende „Via archaeologica" bislang nur sporadisch und weitgehend ohne Benutzung der verschiedenen Archive behandelt worden. Einen kursorischen Überblick aus städtischer Sicht bietet: E. Zenz, Geschichte der Stadt Trier in der ersten Hälfte des 20. Jahrhunderts 3, 1928-1945 (Trier 1973) 240-249; gekürzte Fassung: E. Zenz, Die Stadt Trier im 20. Jahrhundert, 1. Hälfte 1900-1950 (Trier 1981) 365-369. – *In biographischem Zusammenhang:* J. Merten, Wilhelm von Massow (1891-1949). Trierer Zeitschrift 54, 1991, 9-42; hier S. 18-27. – *Unter Benutzung von hauseigenen Unterlagen:* C. Hebben, Ein Museum unter dem Hakenkreuz. Das Rheinische Landesmuseum Trier im Spannungsfeld von Ideologie und Wissenschaft. In: Propaganda. Macht. Geschichte. Archäologie an Rhein und Mosel im Dienst des Nationalsozialismus. Hrsg. von H.-P. Kuhnen. Schriftenreihe des Rheinischen Landesmuseums Trier 24 (Trier 2002) 93-138; hier S. 107-119. – *Unter bauhistorischen Gesichtspunkten:* R. Wacker, Das Kurfürstliche Palais in Trier und seine Vorgängerbauten (Trier 2007) 64-72. – *In Bezug auf die Stadt Trier:* B. Leuchtenberg, Das Städtische Museum Trier in der NS-Zeit 1933-1945. Kurtrierisches Jahrbuch 52, 2012, 303-351; hier S. 321-324.

Das Thema wurde in der vorliegenden Form im Rahmen des Veranstaltungsprogramms der Gesellschaft für Nützliche Forschungen am 14. März 2019 im Rheinischen Landesmuseum Trier vorgetragen. Zugrunde liegt ein inzwischen veröffentlichter Beitrag zu einer Tagung des Landschaftsverbands Rheinland 2018 in Bonn; hier finden sich auch die Einzelnachweise zu Archivalien und Literatur: J. Merten, Der Große Trier-Plan der rheinischen Kulturverwaltung. Die Via Triumphalis archaeologica und das Großmuseum im Kurfürstlichen Palast. In: Kulturpolitik der Rheinischen Provinzialverwaltung 1920 bis 1945. Tagung am 18. und 19. Juni 2018 im LVR-LandesMuseum Bonn. Bonner Jahrbücher, Beihefte 59 (Darmstadt 2019) 85-109. – *Der vorliegende Text wurde dieser ausführlichen Fassung gegenüber gekürzt, aber in der Ausstattung mit Abbildungen erweitert.*

Abbildungsnachweis
Abb. 1 nach: Trierischer Volksfreund 17. April 1934; Stadtarchiv Trier, Nachlass Ferdinand Laven Nr. 3781.
Abb. 2 nach: Zentralblatt der Bauverwaltung 52, 1932, 87 Abb. 41.
Abb. 3 RLM Trier, Foto B 1851.
Abb. 4 RLM Trier, Foto B 1982,59/16.
Abb. 5 RLM Trier, Plan H 58.
Abb. 6 Bibliothek des Bischöflichen Priesterseminars Trier.
Abb. 7 nach: G. John, 150 Jahre Verein von Altertumsfreunden im Rheinlande (Bonn 1991) 97.
Abb. 8 nach: Trierischer Volksfreund 13. April 1935.
Abb. 9 Archiv des Landschaftsverbandes Rheinland, Pulheim-Brauweiler, Best. 11280.
Abb. 10 RLM Trier, Foto MD 1986,29.
Abb. 11 RLM Trier, Foto E 1982,59/14.
Abb. 12 nach: Trierische Landeszeitung 30. April 1936; Stadtarchiv Trier, Nachlass Ferdinand Laven Nr. 664.
Abb. 13 RLM Trier, Plan KP 43.
Abb. 14 Stadtarchiv Trier, Bildsammlung 1,10,21.
Abb. 15 Archiv der KG Heuschreck Trier 1848 e. V.; Foto Stadtmuseum Trier.
Abb. 16 RLM Trier, Foto RC 1939,145.
Abb. 17 a RLM Trier, Foto MC 1938,68. **b** RLM Trier, Foto MC 1938,67.
Abb. 18 RLM Trier, Foto MB 1942,7.
Abb. 19 RLM Trier, Plan KP 18.
Abb. 20 RLM Trier, Foto MC 1948,15.

Autoren

Dr. Lars Blöck

Dr. Korana Deppmeyer

Dr. Sabine Faust

Dr. Anne Kurtze

Dr. Karl-Uwe Mahler

Jürgen Merten, Dipl.-Bibliothekar

Generaldirektion Kulturelles Erbe
Rheinland-Pfalz
Rheinisches Landesmuseum Trier
Weimarer Allee 1
54290 Trier
landesmuseum-trier@gdke.rlp.de

Prof. Dr. Lukas Clemens

Dr. Hiltrud Merten

Dr. Nicole Reifarth

Marvin Seferi

Universität Trier
Fachbereich III
Mittelalterliche Geschichte
und Historische Hilfswissenschaften
Universitätsring 15
54296 Trier
clemensl@uni-trier.de
hiltrud.merten@gmx.net
nicolereifarth@gmx.de
s3masefe@uni-trier.de

Sonngard Hartmann
Römisch-Germanisches Zentralmuseum
Archäometrielabor
Ernst-Ludwig-Platz 2
55116 Mainz
hartmann@rgzm.de

Dr. Sigmund Oehrl
Stockholms Universitet
Institutionen för Arkeologi
och Antikenskultur
Wallenberglaboratoriet
10691 Stockholm
Schweden
sigmund.oehrl@ark.su.se

Stefan Schu
Museum am Dom Trier
Bischof-Stein-Platz 1
54290 Trier
stefan.schu@bistum-trier.de

Lothar Schwinden
Auf Mohrbüsch 53
54292 Trier
dl.schwinden@gmail.com

Prof. Dr. Wolf-Rüdiger Teegen
Ludwig-Maximilians-Universität München
Institut für Vor- und Frühgeschichtliche
Archäologie und Provinzialrömische
Archäologie
Geschwister-Scholl-Platz 1
80539 München
w.teegen@lmu.de